해사일기
海槎日記

통신사 사행록 번역총서 7

해사일기

전형 지음
구지현 역주

보고사
BOGOSA

머리말

1636년 일본을 다녀온 병자사행은 통신사행 가운데에서도 특별하다. 에도막부에 "통신사"라는 명칭의 사신이 처음 파견되었기 때문이다. 1590년 도요토미에게 파견된 경인통신사가 통신사라는 명칭을 사용한 마지막 사신이었으므로, 에도막부는 조선에서 온 통신사를 맞이함으로써 국제적으로도 도요토미 정권을 능가하는 명실상부한 일본의 지배자로 인정받게 된 것이다. 또 이 시기 조선 군관이 말을 타고 기예를 보이는 마상재(馬上才)가 파견됨으로써 통신사행이 문화교류의 사행이 되는 단초를 보이기 시작하였다.

특히 시문에 뛰어난 부사 김세렴이 일본에서 쓴 후지산 시가 일본 전역에 뜨거운 관심을 불러일으키면서, 조선의 시서화에 대한 일본인의 열망은 더욱 고조되었다. 전형은 김세렴에게 발탁되어 일본 사행을 다녀왔다. '전형이 서체를 한 격 낮추자 나와 서법이 비슷해졌다'고 김세렴이 말했을 정도로 글씨를 잘 쓰는 인물이었다. 김세렴의 후지산 시는 전형의 글씨를 통해 명성이 높아졌다고도 할 수 있다.

일본 사행록을 묶어놓은 『해행총재』에 부사 김세렴의 『해사록』과 종사관 황호의 『동사록』이 실려 있으므로, 전형의 『해사일기』는 거의 주목을 받지 못하였다. 학계에 소개가 늦었을 뿐 아니라, 하권이 결권이라서 오사카에서 에도까지의 일본 견문이 실려 있지 않기도 하였다. 그러나 사행 내내 글씨를 쓰느라 힘에 겨웠을 능서관 전형의 사정을 헤아려보면 일기를 적을 만한 여력이 있었을까도 의문이다. 오히려 오사카까지 만나는 인물이 적었던 해로에서의 기록이 더 자세하지 않을까 한다.

이 책은 2014년 『통신사 기록 조사, 번역 및 목록화 연구』 사업에 참여하여 번역한 것으로, 분량이 적고 결권이라 출판하기에 적당할지 걱정되어 망설였다. 그러나 사신이 아닌 원역(員役)의 사행록을 찾기 어려운 17세기 초반의 사정을 생각하면 그 나름대로의 가치가 충분하다. 더구나 전형이 전체 통신사행을 통틀어 유일한 능서관(能書官)이었던 점을 고려하면 내용을 떠나 문헌만으로도 의미가 있을 것이다.

집안에 소장하고 있는 『해사일기』를 제공해주신 후손 전호열 선생님과 전형의 초기 연구자이자 여러모로 도움을 주신 이상규 선생님께 역자로서 감사드린다. 아울러 『해행총재』의 오류로 인하여 전영(全榮)으로 잘못 알려진 전형(全滎) 선생의 함자 역시 이번 기회로 확실히 교정되기를 바란다.

2021년 10월

창암에서 구지현

차례

일러두기

1. 본 번역서는 국립중앙도서관에 소장되어 있는 『두암문집(斗巖文集)』 소재 『해사일기(海槎日記)』의 현대어 번역이다.
2. 번역문, 원문, 영인본 순서로 수록하였다.
3. 일본의 인명이나 지명은 원문 표기를 따랐고, 일본어 음은 각주를 통해 표기하였다.
4. 각주는 인명이나 지명 등 고유명사를 위주로 달았으며, 모두 역자 주이다.
5. 원문을 입력하면서 독자들이 참고하기 편하도록 인명이나 지명 등의 고유 명사는 밑줄을 그어 표시하였다.
6. 인물 및 사건 정보는 주로 한국학진흥사업성과포털에서 제공하는 《조선시대 대일외교 용어사전》을 참고하여 작성하였다.

해제

1. 기본서지

『해사일기(海槎日記)』는 1636년 병자통신사에 능서관(能書官)으로 수행하였던 전형(全滎, 1609~1660)의 사행록으로, 전형의 문집『두암문집(斗巖文集)』에 실려 있다.

『두암문집』은 3권 2책의 간본으로, 사주단변(四周單邊), 반곽(半郭) 21.4×17.4 cm, 유계(有界), 10행20자 주쌍행(註雙行)으로 되어 있다. 이휘녕(李彙寧)의 서문과 1929년 쓰인 조긍섭(曹兢燮)의 발문이 실려 있다. 표제는『두암집(斗巖集)』으로 되어 있다.

『해사일기』는 상권 2책에 실려 있으며, 목록에 "本上下二冊下一冊今無"라는 부기가 있고 말미에 "餘在下卷見失"이라는 부기가 있는 것으로 보아, 본래 상하 2권으로 구성되어 있었으나 문집 편찬 당시 하권이 이미 결권되어 있었음을 알 수 있다.『두암문집』은 국립중앙도서관(古3648-68-29-1/2), 연세대 국학자료실(고서(I) 811.98 전영 두-목 -1/2), 후손가에 소장되어 있다.

또한 후손가에는 문집의 저본으로 추정되는『병자해사일기(丙子海槎日記)』가 소장되어 있다.[1] 표제에는 "全進士東槎錄 日記"라 되어 있고

---

1 최초 소개자는 이상규(「1636년 일본사행록,『海槎日記』의 작자와 내용 소개」,『한일관계사연구』 57집, 한일관계사학회, 2017)이다.

내제는 "丙子海槎日記"라고 쓰여 있다. 표제 뒷면에는 다음과 같은 문장이 실려 있다.

전치원(全致遠) 본관은 완산. 자는 사의(士毅). 호는 탁계(濯溪). 선조 초에 행의(行誼)로 천거되어 별제(別提)에 제수되었으나 받지 않았다. 임진왜란 때 의병을 일으켰다. 미수(眉叟 : 허목)가 묘지명을 지었고, 호주(湖洲 : 채유후)가 묘갈명을 지었다.
아들 우(雨) 임진년 의병을 일으켰다. 힘을 다해 싸워 공을 세웠다.
아들 형(榮) 자는 달보(達甫). 기유년 출생. 병자년 일본에 다녀왔다. 무자년 사마시에 합격하였다. 경자년에 죽었다. 호는 두암(斗巖)이다. 일본에서 돌아온 후 김동명(金東溟 : 김세렴)이 조정에 아뢰어 벼슬을 주고자 하였으나, "남아가 사방으로 돌아다니며 원대한 공을 세우려는 뜻을 장대하게 하고자 하여 동쪽 바다 만 리를 관광하였는데 이것으로 관직을 얻으려 하면 되겠습니까?"라고 하며 사양하자, 동명이 기뻐하며 그만두었다. 처사 임동무(林東茂)가 묘갈명을 지었다.
  아들. 기정(氣正) 진사. 기중(氣中) 진사. 기집(氣集). 기일(氣一).
  모두 31장이다.

全致遠 完山人 字士毅 號濯溪 宣廟初 以行誼除別提 不就 壬辰倡義 眉叟撰誌銘 湖洲撰碣銘
子雨 壬辰倡義 力戰有功
子榮 字達甫 己酉生 丙子赴日本 戊子司馬 庚子卒 號斗岩 日本還後 金東溟欲白于朝官之 辭曰 男兒桑蓬之志欲壯 東瀛萬里之觀 可以此媒官 東溟喜而止 處士林東茂撰碣銘
  子氣正進士 氣中進士 氣集 氣一

合三十一張

저자 전형의 조부, 부, 본인의 생애를 기술하고 아들을 밝히고 있으며 사행록의 분량이 총 31장임을 밝히고 있다. 권말에도 "合三十一張"이라고 되어 있는 것으로 보아, 필사할 때 역시 하권은 결권되어 있었던 것으로 보인다. 또한 읽는 사람의 이해를 돕기 위해 생애를 기록한 것인데, 이 기록은 후대 기입해 넣은 것으로 추정된다.

본 책은 문집을 선본으로 간주하고 『두암문집』에 실린 『해사일기』를 기본 텍스트로 하였다.

2. 저자 및 저술 배경

저자 전형의 본관은 전주, 자는 달보(達甫), 호는 두암(斗巖)·매은(梅隱)이다.

조부 전치원(全致遠, 1527~1596)은 16세 때 황강(黃江), 이희안(李希顔)에게 배웠고 황강 사후 남명 조식의 문하에 들어갔다. 학행(學行)으로 천거되어 사포서(司圃署) 별제에 제수되었으나 나아가지 않았다. 67세 때 의병 활동을 하였으며, 그 공로로 사근 찰방에 제수되었으나 나아가지 않았다. 황강 선생을 위해 청계서원 창건을 위해 힘썼고, 죽은 후에 이 서원에 배향되었다. 남명이 쓴 황강의 묘갈명 글씨를 쓰고 남명 사후에는 성운(成運)이 지은 남명의 묘갈문을 쓰는 등 서법에 뛰어났다. 세상 사람들이 탁계선생(濯溪先生)이라 불렀다고 한다.

아버지 전우(全雨, 1548~1616) 역시 전치원을 따라 임진왜란 때 군공을 세워 사축서 별제(司畜署別提)에 추증되었다. 호는 수족당(睡足堂)이다. 어머니는 남평 조씨로, 승사랑(承仕郎) 조광서(曺光緖)의 딸이다.

전형은 우복(愚伏) 정경세(鄭經世, 1563~1633)와 창석(蒼石) 이준(李埈, 1560~1635)의 문하에서 성리학을 배웠다. 특히 서예가 뛰어났는데, 유치호(柳致皜)가 쓴 행장에는 필법이 "강건웅초(勁健雄峭) 비수소밀(肥瘦疎密)"하다고 평가하였다. 또한 행장에 따르면 1648년 전형은 성균진사가 되었다.

김세렴(金世濂, 1593~1646)이 평소 전형의 재주를 매우 높게 평가하여 "華國手", 즉 '나라를 빛낼 재주'라고 불렀다고 한다. 그는 1636년 병자 사행 때 부사로 임명되자 전형을 특별히 천거하여 대동하였다. 전형 역시 일본 사행 도중 만난 와다 소인(和田宗允, 1602~1672)이라는 인물에게 "저는 다른 역원의 수가 아니라 '거인'으로서 동명선생을 따라왔습니다. 성은 전, 이름은 형, 자는 달보, 호는 매은입니다.[生非他役員之數 以擧人從東溟先生 姓全 名榮 字達甫 號梅隱]"라고 소개하였다. 그가 조선시대 사행을 통틀어 유일하게 "능서관(能書官)"이라는 직함을 띠게 된 것은 그를 데려가기 위해 김세렴이 특별히 이 직책을 주었기 때문일 가능성이 크다. 이때는 성균 진사가 되기 전이었다. 포의의 신분일 때부터 이미 서예로 이름이 났었음을 짐작케 한다.

전형은 사행 도중 일본 전역에 글씨로 명성을 날렸다. 김세렴은 그의 사행록인 『해사록(海槎錄)』에 "서화를 구하는 왜인들이 밤낮으로 모여들어서 박지영, 조정현, 김명국이 고통을 이기지 못하였고, 김명국은 눈물을 흘릴 지경이었다. 왜인들이 전형의 서법을 가장 귀중하게 여겼다.[倭人求書畫者 日夜坌集 朴之英趙廷玹金明國 不勝其苦 金明國至欲出涕 倭人最重全榮書法]"고 기록하고 있다.

또 2월 11일 일기에는 돌아올 때 일본 전국에 전형의 명성이 이미 높아져서, 아이노시마에 글씨를 구하는 사람들이 운집하여 전형을 찾았던 일화를 기록하고 있다. 자줏빛 옷을 입은 사람이 전형이라는 소문이 돌아, 마침 자줏빛 옷을 입은 역관 윤정우(尹廷羽)가 전형으로 오인받았고 통역이 열심히 설명한 끝에 간신히 군중에서 빠져나올 수 있어, 사행원들이 한바탕 웃었다고 한다. 조정에서 가려 뽑은 사자관, 화원 가운데에서도 일본인이 전형의 글씨를 으뜸으로 꼽았던 것이다.

전형의 글씨를 받으려는 모습은 앞서 언급한 와다 소인의 기록 『조선인필어(朝鮮人筆語)』에서 찾아볼 수 있다. 와다 소인은 시나노(信濃) 이다번(飯田藩) 번주인 와키자카 야스모토(脇坂安元)의 가신으로, 에도에서의 통신사 숙소인 혼세이지(本誓寺)를 여러 차례 방문하였다. 12월 15일, 19일, 22일, 23일, 28일에 전형을 만났는데, 사행원 가운데 가장 자주 만난 사람이 바로 전형이었다. 처음에는 주군을 위해 김세렴의 후지산 시를 써달라고 부탁하기 위해서였으나, 마지막에는 서로 창화시를 주고받기도 하였다. 전형의 차운시에 대해 와다가 '일본에서는 보지 못한 시체(詩體)'라고 하자, 전형은 "서곤체(西崑體)"라고 알려 준다. 전형의 서법 뿐 아니라 시재(詩才)를 엿볼 수 있는 기록이다.

전형은 사행 후 벼슬에 나아가지 않고 합천에서 지내다가 52세에 생을 마쳤다.

3. 구성 및 내용

『해사일기』는 서문과 1636년 9월 25일부터 11월 9일까지의 일기로 구성되어 있다. 서문은 1858년 이원조(李源祚, 1792~1872)가 썼다. 일기는 상권에 해당되고, 하권은 결실되어 있다. 이 점은 서문에서도 지적한 바로, 문집 편찬을 앞두고 서문을 받았던 것으로 보인다.

일기는 전별식을 한 9월 25일에서 시작한다. 26일 다시 한 번 동행을 요청하는 부사 김세렴의 편지를 받았고, 해가 뜨자 출발하여 창녕에서 묵었다. 영산 - 수원 - 밀양 - 김해 - 삼랑 - 용당 - 양산 - 광산 - 동래를 거쳐 30일 부산에 도착하여 김세렴을 만났다.

10월 1일 다시 한 번 김세렴의 간절한 부탁을 받고 사행에 참여하기로 결심하였다.

6일 부산을 출발하여 쓰시마에 도착하였다. 사스나 - 와니우라 - 니시도마리 - 긴노우라 - 가모세우라를 거쳐 12일 부중(府中)에 도착, 하선하여 쓰시마에 체류하였다.

10월 22일 쓰시마를 출발하여 이키에 도착하여 머물다가, 25일 출발하여 아이노시마에 도착하였고, 27일 아카마가세키에 도착하였다. 김세렴의 일기에는 29일 아카마가세키에 도착한 것으로 되어 있는데, 이 날부터 전형의 기록이 이틀씩 앞선다.

무코시마 - 가미노세키 - 쓰와를 거쳐 11월 2일 가마가리에 도착하였다. 2일 일기에는 부산 지역의 해상 방어에 대해 논하였는데, 김세렴의 기록과 같은 내용이나 전형의 일기가 훨씬 자세하다.

11월 3일 도모노우라에 도착하여, 우시마도 - 무로쓰 - 효고를 거쳐 8일 오사카 하구에, 9일 오사카 성에 도착하였다.

일기 내용은 부산을 출발하여 세토나이카이를 거쳐 오사카에 도착하기까지 관찰한 일본 풍경과 만난 인물들과의 일을 기록한 것이다.

4. 가치

『해사일기』는 기존 연구에서도 지적되었든 국서개작사건의 폭로 이후 막부의 감시를 받는 도주 소 요시나리의 모습을 묘사한 것이나 남쪽 지방의 해상 방어책에 관한 것은 주목해 볼 만한 기록으로, 다른 사행록의 보충자료로 활용할 만한 가치가 충분하다.

전형은 김세렴이 대동한 만큼 김세렴과 일정을 함께 하였다. 완전한 것은 아니지만 남아있는 기록을 보면 일기 내용이 거의 일치하나 전형 쪽이 김세렴보다 훨씬 상세하다. 전형은 쓰시마 측 인물을 만날 때 대부분 김세렴을 배석하였고, 또 와다의 경우처럼 김세렴의 글을 원하는 사람은 김세렴 대신 전형을 만나 글을 받았다. 따라서 김세렴의 일본 관찰이 전형을 통해 이루어졌을 가능성이 크다.

비록 결권이기는 하지만 『해사일기』는 능서관이 쓴 유일한 사행록으로, 사신의 눈이 아닌 일반 사행원의 눈에서 일본 사행을 관찰할 수 있는 귀중한 문헌이다.

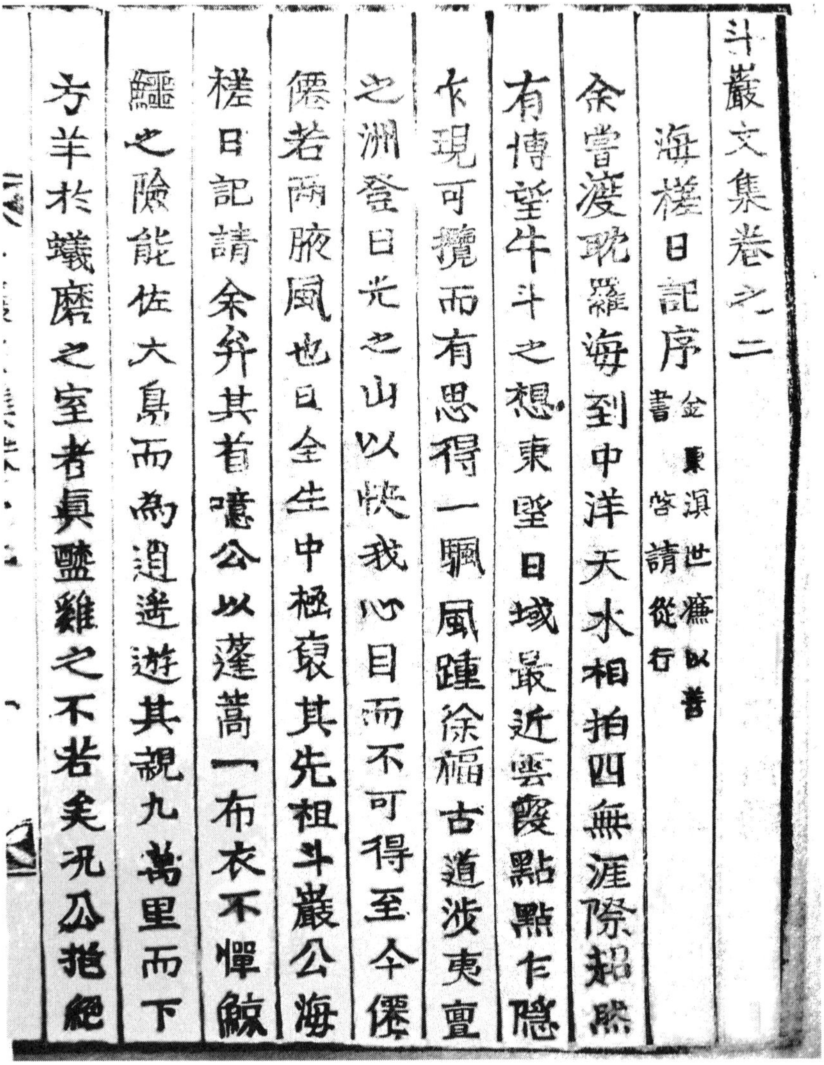
斗巖文集卷之二
海槎日記序 金東溟世應以書 書啓請從行
余嘗渡耽羅海到中洋天水相拍四無涯際杳然
有博望牛斗之想東望日域最近雲霞點點乍隱
乍現可攬而有思得一飄風踵徐福古道涉夷亶
之洲登日光之山以快我心目而不可得至今僾
僾若兩腋風也曰金生中極裒其先祖斗巖公海
槎日記請余弁其首噫公以蓬蒿一布衣不憚鯨
鱷之險能佐大帥而為逍遙遊其覩九萬里而下
方羊於蠛蠓之室者真醯雞之不若矣況公抱絶

『두암문집』 권2에 실린 『해사일기』 서문

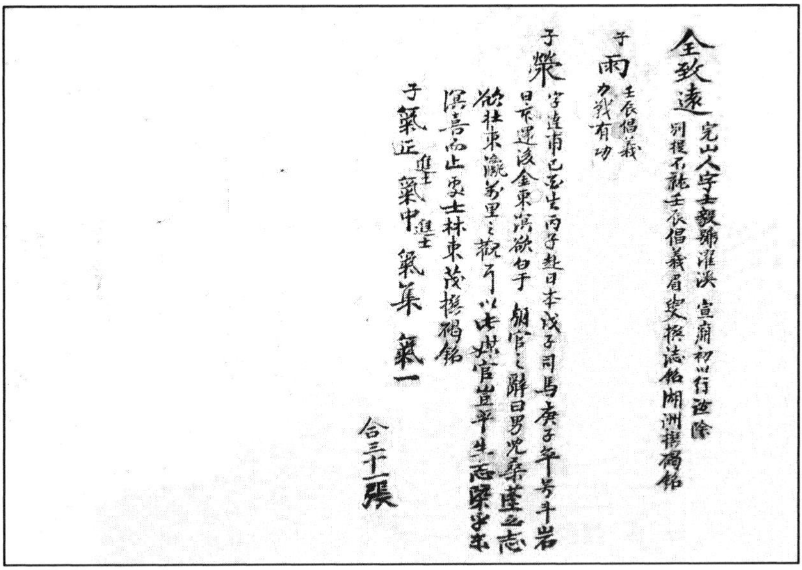

문중에 전하는 『병자해사일기』 표지 뒷면에
저자 전형의 3대를 소개하였다.

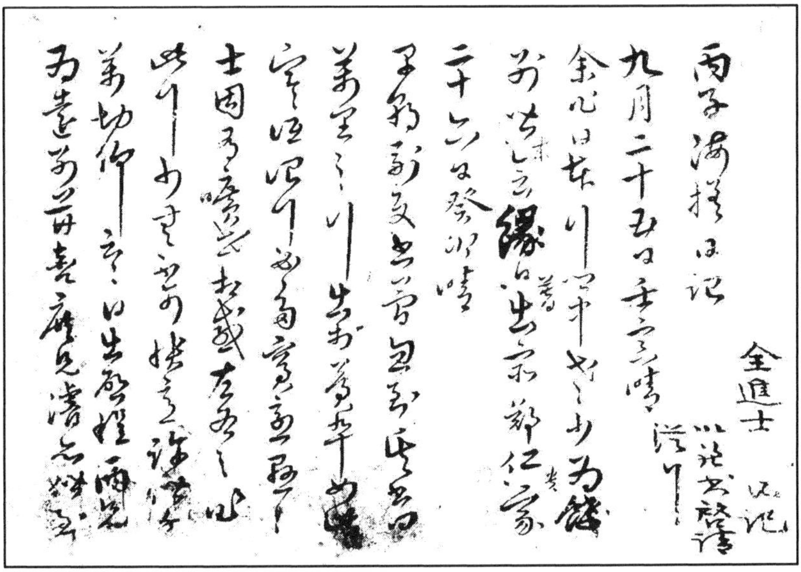

표제는 『전진사 동사록』이고, 권수제는 『병자해사일기』이다.

해사일기
海槎日記

서문

김동명(金東溟) 세렴(世濂)[1]이 글을 잘 쓴다고 청을 올려서 따라 갔다.

나는 탐라(耽羅 : 제주도)에 건너간 적이 있었는데 바다 가운데 이르렀을 때 하늘과 물이 서로 닿아있고 사방이 끝이 없어, 초연하게 박망후(博望侯)처럼 두우성에 닿고[2] 싶은 생각이 들었다. 동쪽으로 바라보면 일본 땅이 가장 가까워서, 구름과 노을이 점점이 있고 사라졌다 나타났다 하여 잡힐 듯 한데, 한 번 돛에 바람을 받아 서복(徐福)[3]이 갔던 옛길

---

1 김동명(金東溟) 세렴(世濂) : 1593~1646. 본관은 선산(善山). 자는 도원(道源), 호는 동명(東溟). 22세에 생원과 진사시에 합격하였고, 1616년 증광 문과에서 장원 급제하였다. 예조좌랑·홍문관수찬(弘文館修撰) 등을 지냈다. 폐모론을 주장하는 자들을 탄핵하다가 유배되었으나, 1623년 인조반정(仁祖反正)으로 다시 기용되어, 헌납(獻納)·교리(校理)·지평(持平) 등을 역임하였다. 1635년 도쿠가와 이에미쓰(德川家光)가 조선과의 성신(誠信) 외교를 위해 쓰시마도주 소 요시나리(宗義成)를 시켜 통신사를 요청하여, 이듬해 1636년 10월 통신부사(通信副使)가 되어 정사 임광(任絖)·종사관 황호(黃戻) 등과 함께 일본에 다녀왔다. 이때 『해사록(海槎錄)』과 『사상록(槎上錄)』 등을 남겼다. 만년에는 경서 연구에 전력하였고, 문장과 시문에 능하였다. 저서로 『동명집(東溟集)』이 있다.

2 박망후(博望侯)처럼 두우성에 닿고 : 한(漢)나라 때 박망후에 봉해진 장건(張騫)이 뗏목을 타고 황하(黃河)의 근원을 거슬러 올라가 은하수(銀河水)에 이르러, 견우(牽牛)와 직녀(織女)를 만나고 왔다는 이야기가 장화(張華)의 《박물지(博物志)》에 실려 있다.

을 따라가고, 이주(夷洲)와 단주(亶洲)[4]를 건너가고, 일광산(日光山)[5]에 올라 내 마음과 눈을 상쾌하게 하고픈 생각이 들었다. 그러나 지금까지 양쪽 겨드랑이에 바람을 타고 가볍게 오르는 일을 못하고 있다.

어느날 전생(全生) 중극(中極)이 선조 두암공(斗巖公)의 『해사일기(海槎日記)』를 모아서, 내게 서문을 청하였다. 아! 공은 궁벽한 곳에 사는 일개 포의(布衣)로서 고래와 악어 같은 파도가 넘실대는 위험을 무릅쓰고 큰 새를 보좌하여 소요유(逍遙遊)[6]를 이루었으니, 직접 구만 리를 날

---

3 서복(徐福) : 서불(徐市)이라고도 한다. 진(秦)나라 낭야(琅邪) 출신의 방사(方士)로, 진시황(秦始皇)의 명에 따라 동남동녀(童男童女) 수천 명을 이끌고 장생불사약을 구하러 바다에 들어갔다가 소식이 끊겼다. 《漢書 卷25》

4 이주(夷洲)와 단주(亶洲) : 이주는 후한(後漢) 때 동이(東夷)의 하나로, 임해(臨海) 동남편에 있어 눈과 서리가 없고 초목이 시들지 않으며, 사면이 산으로 둘러싸여 있다고 한다. 단주는 섬 이름으로, 서복이 신선을 찾기 위해 가 있었던 곳이라고 한다. 《後漢書 東夷傳》《史記秦始皇紀》

5 일광산(日光山) : 일광산(日光山, 닛코산)은 도쿠가와 막부(德川幕府)의 개창자인 도쿠가와 이에야스(德川家康)의 묘가 있는 곳으로, 1616~1617년 사이에 2대장군 히데타다(秀忠)가 축조한 일광동조궁(日光東照宮)의 소재지이다. 3대장군 이에미쓰(家光)가 기존의 사전(社殿)을 완전히 철거하고 다시 대규모로 수축했는데, 병자통신사가 에도에 도착하기 8개월 전인 1636년 4월에 완성했다. 1636년 병자통신사행 때 일본은 막부의 권위와 정통성 고양이라는 정치적인 목적 달성을 위하여 쓰시마도주를 통해서 통신사행의 일광산 유람과 참배를 요청했다. 통신사행은 국서개작사건 이후 쓰시마도주의 입장을 세워주고 일본과 평화유지를 공고히 한다는 대일(對日) 기본원칙 때문에 일광산 '유람(遊覽)' 만을 승낙했다. 일광산 유람에 대하여 귀국 후 특별한 문책성 논의는 없었다. 1643년의 계미통신사 때는 일광산 유람이 치제(致祭)로 변경되고, 조선측에서도 공식적으로 인정하여 사행강정절목(使行講定節目) 안에 치제 문제를 명문화하였다. 그리하여 동조궁에서 유교식 제례에 의거한 격식있는 치제가 이루어졌고, 아울러 국왕 인조의 친필 편액(扁額), 제문(祭文), 시문책(詩文冊), 동종(銅鐘), 향로, 촉대(燭臺), 화병 등 제구(祭具)가 막부의 요구로 전달되었다. 이 중 동종을 제외한 물품들은 1812년 동조궁 수장고의 화재로 모두 소실되었다. 1655년 을미통신사행 때는 1643년과 마찬가지로 일광산 치제를 거행하였다. 1682년부터는 치제가 폐지되었다.

6 소요유(逍遙遊) : 《장자》 소요유(逍遙遊)에 "대붕(大鵬)이 남쪽 바다로 날아갈 적에,

아갔다 내려와서 마의(磨蟻)[7]의 방을 배회하는 것은 진실로 술동이 속 초파리가 흉내 낼 수 없는 것이다. 더욱이 공은 뛰어난 재예를 지니시어 안류(顔柳)[8]를 능가하고, 수만 장의 종이에 쓱쓱 글을 써서 곧바로 부상(扶桑)과 밝음을 다투셨음에랴. 또 동명(東溟)이라는 거장의 지기가 되고 이국 땅의 사람들이 우리나라에 사람이 있음을 알게 하여, 일이 기이하고 행적이 위대하니 공은 이 세상을 헛되이 산 것이 아니라 할 만하다.

아! '오랑캐 배가 중원에 이르면 천금으로 미원장(米元章)[9]의 글씨를 샀다'고 들은 적이 있으니, 외국에서 인재를 아끼는 것이 이와 같다. 그러나 우리나라의 풍속은 매우 편협하여, 비록 공을 공경 사이에 나가서 노닐게 하더라도 한경홍(韓景洪)[10]의 앞줄이 되는 것에 불과하였다. 공은 이에 아프게 깨닫고, 곧 먼 바닷길에 나섰다가 돌아와 빈궁한 집으로 자취를 거두어들이고 유학에 전념하여, 더욱 돈독히 가업을 이었

회오리바람을 타고 구만 리 창공으로 날아올라간다.[搏扶搖而上者九萬里]"라고 하였다.

7 마의(磨蟻) : 맷돌 위의 개미. 해와 달이 하늘이 도는 것에 따라 운행하는 것을 비유한 말이다.《晉書 天文志上》

8 안류(顔柳) : 당나라 때의 뛰어난 서예가 안진경(顔眞卿)과 유공권(柳公權)을 가리키는 말이다.

9 미원장(米元章) : 미불(米芾, 1051~1107)로, 자는 원장(元章)이다. 북송 때 저명한 서예가이자, 감정가, 수장가(收藏家)이기도 했다. 벼슬에 오르기는 하였으나 성품상 잘 어울리지 못하고, 서화와 수석에 빠져 지내, 세상에서 "미전(米顚)"이라고 불렀다고 한다.

10 한경홍(韓景洪) : 한호(韓濩, 1543~1605)로, 본관은 삼화(三和), 자는 경홍(景洪), 호는 석봉(石峯)·청사(淸沙)이다. 1567년(명종 22) 진사시에 합격하였다. 글씨로 출세하여 사자관(寫字官)으로 국가의 여러 문서와 명나라에 보내는 외교문서를 도맡아 썼고, 중국에 사절이 갈 때도 서사관(書寫官)으로 파견되었다. 벼슬은 흡곡현령(歙谷縣令)과 가평군수(加平郡守)를 지냈다. 『해사일기』의 저자 전영(全榮)이 글씨로 이름나 능서관(能書官)으로 김세렴을 따라갔으므로, 명필로 이름난 석봉 한호에게 비유한 표현이다.

으며, 기예로 이름이 나는 것을 부끄러워하였으니, 이것이 공의 더욱 높은 점이다. 더욱이 또 폐물을 물리치고 은화를 던졌으니[11] 늠름하게 고인의 지조가 있음에랴.

만약 공이 다행히 중국에서 태어나 사절을 따라 황하의 근원을 다하게 했더라면 반드시 공착(邛笮)[12]과 염방(冉駹)[13]의 기이한 보물로 윗사람을 사치로 이끌어 변방에 틈을 만들지 않았을 것이다. 그러나 공은 불행히 구석진 나라에서 태어나 건너가 본 곳은 날치(捏齒)의 국경[14] 뿐이요, 지킨 것은 자한(子罕)의 보물[15]일 뿐이었으니, 애석하도다!

일기는 본래 2책이었는데, 모두 공이 직접 쓰신 것이지만 절반이 없어졌다. 반드시 신물의 보호가 있어서 필경 후손에게 돌아갈 것이나 지금 우선 볼 수가 없어 마침내 어루만지며 감탄하고 쓴다.

무오년(1858) 수요절(秀葽節)[16] 만귀산인(晩歸山人) 이원조(李源祚)[17]가

---

11 은화를 던졌으니 : 1636년 사신 일행이 도쿠가와 막부의 태평을 축하하고 돌아올 적에 쓰고 남은 일공미(日供米) 수백 섬을 왜인에게 돌려주자 왜인이 그것을 황금으로 바꾸어 주므로 다른 나라의 물건은 받을 수 없다고 하여 강물에 던져 버린 일을 가리킨다.

12 공착(邛笮) : 한나라 때 서남쪽에 있던 오랑캐 공도(邛都)와 착도(笮都)를 가리키는 말이다.

13 염방(冉駹) : 한나라 때 서남쪽에 있던 나라인 염국(冉國)과 방국(駹國)을 가리킨다.

14 날치(捏齒)의 국경 : 일본을 가리킨다. 이를 검게 물들이는 풍습이 있어서 이른 말이다.

15 자한(子罕)의 보물 : 탐내지 않음을 가리킨다. 자한(子罕)이 자기에게 옥을 바치는 사람에게 거절하면서, "나는 탐내지 않음을 보물로 여긴다."라고 했던 말에서 연유하였다.

16 수요절(秀葽節) : 아기풀이 패는 절기, 즉 4월을 가리킨다. 『시경(詩經)』의 〈칠월(七月)〉에, "사월에는 아기풀이 패며, 5월에는 말매미가 운다.[四月秀葽 五月鳴蜩]" 하였다.

17 이원조(李源祚) : 1792~1872. 본관은 성산(星山). 초명은 영조(永祚), 자는 주현(周賢), 호는 응와(凝窩). 1809년(순조 9) 별시문과에 을과로 급제하였다. 1837년(헌종 3) 정언으로서 기강이 문란하여져 사족(士族)들의 사치가 극도에 달하였으며, 이와는 달리 계속된 흉년으로 민중들의 간고(艱苦)가 형언할 수 없을 지경에 이르렀음을 들어 쇄신책을 실시할 것을 극간하였다. 1850년(철종 1) 경주부윤에 오르고, 1854년 대사간에 이어

삼가 쓰다.

병자년(1636) 9월

25일 임인일. 맑음.

내가 일본으로 떠나니, 고향의 늙은이와 젊은이들이 전별(餞別)을 하기 위해 모두 와서 모였다. 날이 저물어 정인귀(鄭仁貴)의 집에 묵었다.

26일 계묘일. 맑음.

이른 아침 부사[18]의 서간이 갑자기 왔다. 편지에 "갑자기 만 리 길을 떠나는데 이처럼 추우니, 행장 꾸리는 일에 반드시 군색하여 걱정스러운 일이 많을 것입니다. 선비는 본래 시대를 뛰어넘어 마음이 서로 통하니, 좌우에서 이번 길을 떠나는 데 조금이라도 불가한 것이 없이 흔쾌히 함께 떠나는 것을 허락하기를 간절히 바랍니다."라고 하였다.

해가 뜨자 출발하였다. 두 형이 멀리 이별을 위해 나란히 오셨다. 이날 창녕의 장락(長樂)에 도착해서 묵었다.

27일 갑진일. 맑음.

추운 새벽에 길을 떠나 영산현(靈山縣)에서 조반을 먹고, 수원역(水源驛)에서 말을 먹이고, 저녁에 밀양(密陽) 운례(運禮)의 외사촌 집에 도착

공조판서를 지냈다.

18 김세렴을 가리킨다.

해 저녁을 먹었는데, 진수성찬을 가득 차려 상하가 함께 배불리 먹었다. 이날 아우 염(濂)을 만나, 네 형제가 함께 묵었다.

28일 을사일. 맑음.

어제처럼 저녁을 먹었다. 종형이 조모의 상 때문에 김해(金海)에서 시묘살이를 하고 있었다. 만리 길을 떠나는데 묘소에 하직하고 이별을 고하지 않을 수 없었다. 복마(卜馬)와 형제들은 곧장 영남대로(嶺南大路)로 떠나고, 용당(龍塘)에서 만나기로 약속했다. 큰 형과 나는 삼랑(三浪)의 여막을 거쳐 묘소에 하직하고 이별을 고한 후 도요진(都要津)을 건너 용당에 도착하니 날이 이미 저물었다. 복마(卜馬)는 먼저 도착해 이미 숙소를 정하였다.

29일 병오일. 맑음.

새벽에 양산(梁山)의 내포(內浦)를 지나 광산역(光山驛)에 도착하니, 해가 이미 세 길이나 올라 있었다. 찰방 조정룡(曹廷龍)이 초면으로서 조반을 지공(支供)하여 음식을 베풀었는데, 접대하는 것이 마치 오래 아는 사이 같았다. 내 초서(草書)를 달라고 하여, 사양할 수 없어 십여 첩을 써서 주었다. 이날 동래(東萊) 소산역(巢山驛)에 도착했다.

30일 정미일. 맑음.

새벽에 출발하여 동래부 구정(邱亭)에서 조반을 먹고, 정오에 부산(釜山)에 도착해 부사를 뵈었다. 부사는 동명(東溟) 김공(金公)이다. 부산은 포구에 있고, 두봉(斗峰)이 우뚝 서 있으며 성곽이 여전히 남아 있는데 모두 왜군이 축성한 것이라 한다.

10월

1일 무신일. 맑음.

부산에 체류하였다. 저녁 무렵 형제가 부사를 뵙고 내가 떠나지 못하는 불쌍하고 급박한 이유를 말씀드렸다. 마침 선비 배홍례(裵弘禮)가 동명(東溟) 앞에 있었는데, 동명께서 배공을 돌아보며 말씀하셨다.

"전생(仝生)이 나와 정이 매우 두터워, 만릿길 동행은 지극한 정성에서 나온 것입니다. 더구나 상사(上使)[19]와 종사관(從事官)[20]이 재주가 뛰어나다는 소문을 많이 듣고서 간절히 데리고 가려고 하고 있으니, 실로 나라를 빛내기 위해서입니다. 사적으로 총애해서가 아니니 전생이 굳이 사양하기 어려울 것입니다. 설사 돌아가신 참지(參知) 배대유(裵大維)[21] 공께서 살아계셨더라도 데리고 갈 것에 재가를 받았을 텐데, 어찌

---

19 상사(上使) : 통신사 정사인 임광(任絖, 1579~1644)을 가리킨다. 본관은 풍천(豐川). 자는 자정(子靜). 1624년 별시문과에 갑과로 급제하여 풍저창직장(豊儲倉直長), 승정원 주서, 성균관전적, 호조낭관, 정언(正言), 함종현령(咸從縣令), 영광군수(靈光郡守) 등을 역임했다. 1636년 10월 통신사(通信使)가 되어 부사 김세렴(金世濂)·종사관 황호(黃㦿) 등과 함께 일본에 건너갔고, 사행록 『병자일본일기(丙子日本日記)』를 남겼다. 1642년 황해도관찰사·동지중추부사·도승지 등을 지내고, 이듬해 심양(瀋陽)에 볼모로 잡혀간 소현세자(昭顯世子)가 환국할 때 이를 수행하기 위하여 청나라에 갔다가 1644년 그곳에서 타계하였다. 좌의정에 추증되었으며, 시호는 충간(忠簡)이다.

20 종사관(從事官) : 통신사 종사관인 황호(黃㦿, 1604~1656)를 가리킨다. 본관은 창원(昌原). 자는 자유(子由), 호는 만랑(漫浪). 약관에 대과(大科)에 급제하여 주서(注書)가 되었으나, 여러 차례 파직되는 등 관운이 순탄하지 않았다. 1636년 10월 종사관(從事官)이 되어 정사 임광(任絖)·부사 김세렴(金世濂) 등과 함께 일본에 건너갔고, 이때 일본일기 『동사록(東槎錄)』을 남겼다. 돌아와 부수찬(副修撰)·교리(敎理)·대사성(大司成) 등을 역임하였다. 문재(文才)가 있어 당대의 신진 중에서 문명(文名)을 크게 떨쳤다. 저서로는 『만랑집(漫浪集)』이 있다.

21 배대유(裵大維) : 1563~1632. 본관은 김해(金海). 자는 자장(子張), 호는 모정(慕亭).

감히 물려 달라고 부탁하겠습니까?"

동명께서 나를 이렇게까지 추켜세우셨다. 선비는 자기를 알아주는 이를 위해 죽는 법인데, 더욱이 이번 행역을 주저하면서 구차히 면하는 것은 의리가 아니었다. 그리하여 마침내 함께 떠나기로 마음을 정하였다.

2일 기유일. 맑음. 부산에 체류함.

3일 경술일. 맑음. 부산에 체류함.

4일 신해일. 맑음. 부산에 체류함.

종사관이 일찍 항구에 나가 짐을 점검하여 표시하고, 서명하여 각 선박에 실었다. 오후에 세 사신이 부산 성문으로 나가 배를 타려 하였으나, 조수가 빠져서 탈 수 없었다. 촌가에서 묵었다.

5일 임자일. 맑음. 부산 성 밖에서 체류함.

6일 계축일. 맑음.

5경에 일찍 조반을 먹었다. 형제들과 나루에서 이별하였다. 한 쪽은

1592년 임진왜란 때 의병을 모아 곽재우(郭再祐)를 도와 창녕의 화왕산성(火旺山城)을 수비하였다. 1608년 사과(司果)로 별시문과에 급제하였고, 사헌부지평(司憲府持平), 사간원정언(司諫院正言), 사헌부장령(司憲府掌令), 동부승지, 병조참의 등을 역임하였다. 인목대비(仁穆大妃)의 폐모론에 적극 참여하였기 때문에 1623년 인조반정으로 삭직되었다. 그는 문장과 글씨에 능하였으며, 특히 초서·예서에 뛰어났다. 저서로는『모정집』이 있다.

떠나고 한 쪽은 남는 마음이 큰 바다와 같이 깊었다. 여기에 와서 비로소 이별의 아픔을 알게 되었다. 승선하여 닻을 올리고 북을 울리며 출발하였다. 왜사(倭使)[22] 평성춘(平成春),[23] 귤성공(橘成供)[24] 등이 이미 초량항에 나와 먼저 기다리고 있었다. 왜사공 30인이 뵈러 왔다. 제1, 2, 3선[25]에 3명씩 타고 나머지는 제4, 5, 6선[26]에 나누어 보냈다.

초량에 도착하자 해가 이미 떠 있었다. 쌍돛을 걸고 큰 바다에 나서니 배가 매우 빨리 달렸다. 몰운대(沒雲臺)는 오른 쪽에, 태종대는 왼쪽

---

22 왜사(倭使) : 별차왜(別差倭)를 가리킨다. 조선과 쓰시마가 약조에서 정한 연례송사(年例送使) 이외의 차왜(差倭)로, 최초의 별차왜는 1635년(인조 13) 12월에 건너온 평지우(平智友)이며, 접위관(接慰官)을 통하여 정식 접대를 받기 시작한 것은 통신사호행(通信使護行)을 위하여 동년 9월에 파견된 평성춘(平成春)과 등지승(藤智繩) 때부터이다. 연례송사가 지급받은 각종 연향(宴享)과 일공미(日供米), 도해량(渡海糧), 회례별폭(回禮別幅)을 지급받았다.

23 평성춘(平成春) : 후루가와 시키부(古川式部)를 가리킨다. 평성춘(平成春)은 조선식 이름이다. 호행차왜(護行差倭)로서 대조선외교를 담당하였다.

24 귤성공(橘成供) : 일본명 미상. 1632년 5월에 쓰시마도주 소 요시나리(宗義成)가 에도에서 쓰시마로 돌아온 사실을 알리는 도주고환차왜(島主告還差倭)로 온 적이 있다. 또 1636년 2월에는통신사청래차왜(通信使請來差倭)로서 서계를 지참하고 나와서 반드시 상경(上京)하기를 희망하였으나 거절당하였다. 대신 경상도 도사를 경접위관(京接慰官) 임명하여 전례대로 접대하는 일을 시행하도록 하였다.

25 제1, 2, 3선 : 정사와 부사, 종사관 일행이 각각 나누어 탄 기선(騎船)을 가리킨다. 정사·부사·종사관의 3사단(使團)으로 구성된 통신사 일행은 3선단(船團)으로 편성하였다. 제1선단에는 국서(國書)를 받드는 정사를 비롯하여 그 수행원인 군관·상통사·제술관에서부터 격군까지 타고, 제2선단에는 정사를 받드는 부사를 비롯하여 수행원이, 제3선단에는 종사관을 비롯한 그 수행원이 탔다. 각 기선에는 복선(卜船) 1척씩이 부속되었는데 복선에는 사행에 필요한 짐들을 나누어 실었으며, 당상역관이 각각 2인씩 타고, 일행의 원역이 나누어 승선하였다. 일반적으로 기선과 복선은 수군통제사영과 경상좌수사영에서 제작하였다.

26 제4, 5, 6선 : 각 기선(騎船)에 딸린 복선(卜船)을 가리킨다. 복선에는 주로 짐을 실었다.

에 있는데, 사방은 끝이 없고 하늘과 바다는 닿아 있어 정말로 장관이었다. 백여 리를 가니 동풍으로 바뀌었는데 맞바람이었다. 바람의 기세가 더욱 맹렬해져서 산더미 같은 파도가 쳐올라 하늘로 나갈 듯 솟구치고 땅으로 들어갈 듯 내려갔다. 앞에 가는 배를 바라보니 나타나면 뱃바닥까지 보이고, 가라앉으면 돛대끝 풍향계만 보였다. 배에 있는 사람들 가운데 토하거나 엎드리지 않은 이가 없었다. 나 역시 불편하여 자리에 엎드려 있었다.

왜사공이 반쯤 돛을 걸게 하여, 미시(未時) 말에 대마도(對馬島) 서쪽에 비로소 도착했다. 마중 나온 왜선(倭船) 수십 척이 오자 왜사공이 돛을 내리고 하였다. 왜선 6척이 끌고 전진하여 노를 저어 사수나포(沙愁那浦)[27]에 들어갔다. 제3선이 다음으로 닻을 내렸고 제4, 5, 6선이 이어서 들어왔다.

도주차왜(島主差倭) 이직(伊織)이 문안을 하고 떡과 술 등의 먹을거리를 바쳤다. 귤성공은 뒤따라 도착했고 평성춘 등은 미처 오지 못해 20리 떨어진 다른 곳으로 들어가 정박했다고 한다. 포구의 인가가 겨우 몇 호여서, 배에서 묵었다. 이직이 또 생어(生魚), 노루, 돼지 다리, 술 1통을 바쳤다.

이날 4백 5십리를 갔다.

전 현감(前縣監) 이유동(李惟洞), 전 판관(前判官) 김광립(金光立), 옥

---

27 사수나포(沙愁那浦) : 사스나[佐須奈]를 음차한 표기이다. 현재의 쓰시마시(對馬市) 가미아카타초(上縣町) 사스나(佐須奈)에 속한다. 쓰시마의 서북에 위치하고 있어 부산포와 가장 가까운 곳으로 통신사의 최초 입항지 가운데 하나이다.

포만호(玉浦萬戶) 백사철(白士哲), 전 만호(前萬戶) 최성급(崔成岌), 사과(司果) 이준망(李俊望)은 군관(軍官)[28]이다.

충익위(忠翊衛) 윤애신(尹愛信)은 자제군관(子弟軍官)[29]이다.

전 정(前正) 강우성(姜遇聖)[30]은 상통사(上通事)[31]이다.

판관(判官) 한상국(韓相國)은 차통사(次通事)[32]이다.

전 정 백사립(白士立)은 의관(醫官)[33]이다.

화리(畵吏) 박득신(朴得信)은 반당(伴倘)[34]이다.

---

28 군관(軍官) : 삼사신(三使臣)의 호위 역할을 담당하는 무관. 일본에서 통신사절단을 구분하는 등급 가운데 상관(上官)에 속한다. 통신사행 때 대체로 정사와 부사가 각각 5명, 종사관이 2명, 총12명을 대동한다. 그 중에 6냥의 화살을 잘 쏘는 사람[六兩箭善射]과 평궁을 잘 쏘는 사람[平弓善射] 각 1명은 병조(兵曹)에서 시험을 보아 임명하여 보냈다. 군관은 구성원의 성격과 임무에 따라 자제군관(子弟軍官)·마상재군관(馬上才軍官)·장사군관(壯士軍官)·명무군관(名武軍官)·선래군관(先來軍官) 등으로 구분되며, 하급 병사인 시령이 있다. 사행에 차출된 군관들은 모두 이름난 무인들로, 조정에서는 일본에 각별히 우대해 줄 것을 요청하기도 하였다.

29 자제군관(子弟軍官) : 삼사신(三使臣)의 자제를 군관으로 임명한 개인 수행원. 통신사행 때 대체로 정사와 부사가 각 2명, 종사관이 1명, 총5명을 대동한다.

30 강우성(姜遇聖) : 강우성(康遇聖)의 오기이다.

31 상통사(上通事) : 통사(通事) 가운데 상급의 통사를 말한다. 통역관(通譯官) 가운데 정3품은 역관(譯官), 그 아래 품계는 통사라 했다. 본래 통신사행(通信使行)을 수행하는 상통사는 왜학 교회(倭學教誨)로만 뽑았다.

32 차통사(次通事) : 차상통사(次上通事). 통신사행의 수행원으로, 통역의 일을 담당했다. 당상역관(堂上譯官), 상통사(上通事) 다음의 지위를 차지한다. 왜학(倭學)의 교회(教誨) 중에 선발했는데, 일본어에 능통한 것은 물론 역과를 통해 선발된 사역원의 역관들 중에서 경험과 능력이 뛰어난 자를 수행 역관으로 선발하였다. 차상통사로는 대개 2명이 수행하였다.

33 의관(醫官) : 의원(醫員). 조선후기 통신사행에 의원이 포함된 것은 1607년 회답겸쇄환사 때부터이다. 이때 전의감(典醫監)과 혜민서(惠民署)에서 각각 1명을 차출하여 총2명을 파견하였다. 통신사행 수행 의원 규정에는 2명으로 되어 있으나, 일본 측에서 의술이 뛰어난 의원을 선발해 달라거나 그 수를 늘려 달라고 요청하기도 하였다. 1682년 사행 때부터는 양의(良醫)가 증원되면서 3명으로 늘어났다.

청직(廳直) 윤사립(尹士立)은 현풍(玄風)의 소동(少童)이고, 김면삼(金勉三), 심극룡(沈克龍)은 금산(金山)의 소동이다.

박광화(朴光華)는 문자(門子 : 문지기)이다.

박명득(朴明得)은 형명장(形名將)[35]이다.

정충일(鄭忠一)은 둑장(纛將)[36]이다.

김수명(金守明), 원의남(元義南)은 절월봉지(節鉞奉持)[37]이다.

이생(李生), 장끝선(張㖠立)은 포수(砲手)[38]이다.

이승립(李承立), 이봉상(李奉上), 배계남(裵戒男), 김수개(金守介)는 사령(使令)[39]이다.

---

34 반당(伴倘) : 사신이 자비(自費)로 데리고 간 수행원. 원래 종친·공신·당상관들에게 그 특권을 보장하고 신변 안전을 도모하기 위해 지급한 호위병이었다. 문위행(問慰行)이나 통신사행 때는 주로 세 사신 등 지위가 높은 사람을 따라다니면서 시중을 들거나 신변을 보호하는 역할을 담당하였다. 대체로 문위행 때는 2명, 통신사행 때는 3명을 데리고 갔다.

35 형명장(形名將) : 형명수(形名手). 형명기(形名旗)를 받들고 가는 사람이다. 형명기는 용(龍)이 그려진 깃발의 한 종류이다.

36 둑장(纛將) : 둑수(纛手). 통신사행의 수행원으로, 둑기(纛旗)를 받들고 가는 사람을 가리킨다. 둑은 대가(大駕) 앞이나 군(軍) 중에서 대장의 앞에 세우는 기(旗)의 한 종류이다.

37 절월봉지(節鉞奉持) : 통신사행의 수행원으로, 절(節)과 부월(斧鉞)을 받들고 가는 사람을 말한다. 절월은 임금이 내어주는 절(節)과 부월(斧鉞)로, 절은 수기(手旗)와 같고 부월은 도끼같이 만든 것으로 생살권(生殺權)을 상징한다. 절월봉지는 대개 정사(正使)와 부사(副使)가 각각 2명씩 거느려서, 총 4명이 수행했다.

38 포수(砲手) : 통신사행의 수행원으로 총포(銃砲)를 쏘는 일을 맡은 사람을 가리킨다. 대개 삼사(三使)가 각각 2명씩 거느려 총 6명이 수행하였다.

39 사령(使令) : 통신사행의 수행원으로, 형사(刑事) 업무를 맡았던 사람을 가리킨다. 격군이나 사공 등 하부 수군직의 원역들이 죄를 지어 문초하는 일 등을 담당하였으며, 관소에서도 출입을 통제하는 일 등을 했다. 대개 삼사(三使)가 각각 4명씩 거느리고 당상관이 각각 2명씩 거느렸다.

황운학(黃雲鶴), 박문기(朴文己)는 태평소(太平簫)[40]이다.

운생(雲生), 인길(仁吉)은 도척(刀尺)[41]이다.

김검손(金儉孫), 한예수(韓禮守), 오이세(吳二世)는 소통사(小通事)[42]이다.

권난동(權蘭同), 김언봉(金彦鳳)은 사공(沙工)이다.

권명철(權明哲), 김가은동(金加隱同)은 무상(無上)이다.

군관과 역관의 노자 모두 11명과 격군 59명은 각기 부선(副船)에 탔다.

자제군관 권경(權璟), 서사 사과(書寫司果) 조정현(趙廷玹), 한학(漢學) 참봉(參奉) 윤정우(尹廷羽), 화원(畵員)[43] 사과(司果) 김명국(金明國),[44] 서기(書記) 박신립(朴信立)과 문필(文泌), 별파진(別破陣)[45] 김계일(金繼逸),

---

40 태평소(太平簫) : 군영에서 태평소를 연주하는 군사. 통신사의 국서(國書) 전달 의식 때도 태평소와 나팔을 불어 길을 인도하였고, 봉행(奉行)이 태수의 말을 전하러 오면 이를 공무라 하여 으레 태평소를 불어서 맞이하고 배웅하였다.

41 도척(刀尺) : 통신사행의 수행원으로, 음식 만드는 일을 맡은 사람을 가리킨다. 대개 삼사(三使)가 각각 2명씩 거느리고, 당상관이 1명을 거느려, 총 7명이 수행하였다.

42 소통사(小通事) : 중앙에서 파견되는 왜학역관인 훈도(訓導)·별차(別差)를 보좌하는 하급 역관. 통신사행에 참가한 소통사 10명은 삼사(三使)에 각각 3명씩 배속되었다.

43 화원(畵員) : 통신사행의 수행원으로, 그림 그리는 일을 맡았던 사람을 가리킨다. 지도의 모사, 주변의 실경 스케치, 행로의 지형을 도화하는 일 등을 수행했으며, 일본인들의 서화 요청에 대해 그림을 그려주는 일도 많았다.

44 김명국(金明國) : 본관은 안산(安山). 일명 명국(鳴國). 자는 천여(天汝), 호는 연담(蓮潭) 또는 취옹(醉翁). 도화서(圖畵署)의 화원(畵員)으로 교수를 지냈으며, 1636년과 1643년 두 차례에 걸쳐 통신사를 따라 일본에 다녀왔다. 정내교(鄭來僑)의 『완암집(浣巖集)』에 의하면 "김명국은 성격이 호방하고 해학에 능했으며, 술을 좋아하여 몹시 취해야만 그림을 그리는 버릇이 있어서 대부분의 그림들이 취한 뒤에 그려진 것이다."라고 했다. 이와 같은 기질은 힘차고도 자유분방한 필치로 처리된 그의 작품들에서도 엿볼 수 있다. 현재 남아 있는 그의 유작들은 안견파(安堅派)의 화풍을 따른 것도 있으나 대부분 광태사학파(狂態邪學派: 거칠고 농담의 대비가 강렬한 필묵법을 사용해서 그린 그림의 경향) 화풍의 작품들이다. 조선 중기를 풍미했던 절파화풍도 그를 정점으로 하여 쇠퇴하였다.

마상재(馬上才)[46] 백천룡(白天龍), 이마(理馬)[47] 한천상(韓天祥), 전악(典樂)[48] 정윤복(丁潤僕)과 설의립(薛義立)은 제5선에 나누어 보냈는데, 바로 부사의 복선(卜船)이다.

당상역관(堂上譯官)[49] 동지(同知) 홍희남(洪喜男),[50] 자제군관 전 만호

45 별파진(別破陣) : 조선후기 무관잡직(武官雜職)으로 편성된 특수병종. 본래는 별파군진(別破軍陣)이었으나, 보통 별파군(別破軍) 또는 별파진이라고 한다. 화포(火砲)를 주로 다루고 화기장방(火器藏放)과 화약고(火藥庫)의 입직을 담당했다. 일본에 통신사를 파견할 때, 군관을 겸한 2명의 별파진이 파견되었다. 예(例)에 따라 군관이 겸직하였으므로 별파진 겸 군관(別破陣兼軍官)이라고도 하였다.

46 마상재(馬上才) : 마상재(馬上才)에 참여한 군관. 통신사행 때 사행단을 호위하면서 마상재 공연이 있을 때는 직접 달리는 말 위에서 여러 가지 기예를 부리는 등 공연에 참여하여 무예를 과시하기도 하였다.

47 이마(理馬) : 말을 다루거나 돌보는 하급관리. 품계는 6품이 1명, 8품이 2명, 9품이 1명이며, 모두 체아직(遞兒職)으로 사복시(司僕寺)에 소속되어 있다.

48 전악(典樂) : 사절단의 행렬·의식·연회의 음악을 담당한 관원으로, 장악원(掌樂院) 소속이다. 정사와 부사 및 종사관에 각각 배속되는 경우도 있고, 정사와 부사 혹은 정사와 종사관에만 배속되는 경우도 있어, 사행 때마다 그 수가 일정하지 않으나 대체로 2~3명 정도 수행하였다.

49 당상역관(堂上譯官) : 조선시대 사역원에 소속되어 통역의 임무를 담당한 역관(譯官)의 우두머리. 정3품으로 수역(首譯)·수역당상(首譯堂上)·당상왜학역관(堂上倭學譯官)이라고도 한다. 당상역관이 되기 위해서는 사역원(司譯院)에 소속된 역관인 교회(教誨)를 반드시 거쳐야만 하였다. 당상역관은 삼사신(三使臣)과 일본 고관과의 통역을 맡고, 사신의 임무 수행에 필요한 제반 잡사(雜事)를 총괄하며, 교역이나 의전 등에 있어서 사전 실무 교섭을 하고, 일본 사정에 어두운 사신들에 대해 자문을 하며, 일본 국왕 이하 각처에 보내는 예물을 마련하고, 사적으로 종사관이 사행을 단속하고 비위를 검속하는 일을 보좌하는 일을 한다.

50 홍희남(洪喜男) : 본관은 남양(南陽). 자는 자열(子悅). 임진왜란 이후 대일관계가 난관에 봉착하면 반드시 일본에 파견되었다. 이 때문에 1년 동안에 3계급이나 특진하여 50세가 되기도 전에 숭록대부(崇祿大夫)의 위계에 올랐고, 1644년(인조 22)에 지중추부사가 되었다. 일본에 여섯 번, 쓰시마(對馬島)에 여러 차례 다녀왔고, 명나라에도 사신으로 두 번 다녀왔다. 1635년(인조 13)에는 왕명으로 국서개작사건에 관한 정확한 정보를 파악하려고 최의길(崔義吉)을 비롯하여 마상재인(馬上才人) 2명과 함께 당상역관의 자

이완(李浣)·사과 임환(任紈), 군관 인의(引儀) 경대유(景大裕)·습독(習讀) 조정명(趙廷命)·부장(部將) 정한기(鄭漢驥), 이문학관(吏文學官) 권칙(權侙),[51] 차통사 전 정 이장생(李長生), 의원 전 판관 한언협(韓彦協), 서기 문홍적(文弘績), 반당 최의신(崔義信), 소동 진주(晉州)의 하대위(河大衛)·성산(星山)의 도계인(都繼仁), 노자 용이(龍伊)·언남(彦男)은 즉 상사의 인솔들이다.

군관 전 판관 박홍주(朴洪疇)·인의 장문준(張文俊), 한학 피득침(皮得忱), 사자관(寫字官)[52] 박지영(朴之英), 마상재 최귀현(崔貴賢), 전악 홍봉원(洪鳳元)·임허롱(林許弄)은 제4선에 탔는데, 상사의 복선(卜船)이다.

격으로 에도(江戶)에 다녀왔다. 귀국길에 쓰시마에 들러 소 요시나리(宗義成)와 세견선(歲遣船)의 액수를 줄이는 일 및 겸대제(兼帶制)를 합의하였다. 이 일로 홍희남과 강우성(姜遇聖), 이장생(李長生) 등이 상을 받았다.

51 권칙(權侙) : 1599~1667. 본관 안동(安東). 자는 자경(子敬), 호는 국헌(菊軒). 1630년 43세 때 경오(庚午) 식년시(式年試)에 합격하였다. 품계는 통정대부(通政大夫)였고, 군수(郡守)·호군(護軍) 등을 지냈다. 1635년 도쿠가와 이에미쓰(德川家光)가 성신(誠信) 외교를 위해 쓰시마도주 소 요시나리(宗義成)를 시켜 통신사를 요청하였고, 쓰시마도주 또한 그의 부관(副官) 야나가와 시게오키(柳川調興)와 서로 송사하는 일이 있어 통신사를 청하였다. 이에 이듬해 1636년 10월 정사 임광(任絖)·부사 김세렴(金世濂)·종사관 황호(黃戾) 등 삼사신을 일본에 파견하였는데, 이때 이문학관(吏文學官)으로서 일본에 다녀왔다. 일본문사 와다 세이칸카(和田靜觀)과의 필담이 『조선인필어(朝鮮人筆語)』에, 이시가와 조잔(石川丈山)과의 필담과 시가 『조선필담집(朝鮮筆談集)』에, 노마 세이겐(野間靜軒)과의 필담이 『조선인필담(朝鮮人筆談)』에, 하야시 라잔(林羅山)과의 필담이 『임나산문집(羅山文集)』에 수록되어 있다. 편저로 시화집(詩畵集) 『시인요고집(詩人要考集)』이 일본에 전하고 있다.

52 사자관(寫字官) : 조선시대 승문원·규장각에 소속된 관원. 외교문서·어첩(御牒)·어제(御製)·의궤(儀軌) 등의 문서를 정사(正寫)하는 일을 담당하였다. 선조 23년(1590) 왜인들과 창수(唱酬)할 경우 서법(書法)이 서툴게 보여서는 안 될 것이라는 선조의 전교(傳敎)에 의하여 사자관 이해룡(李海龍)을 통신사행에 파견한 것이 전례가 되어, 통신사 원역에 포함되었다.

당상역관 첨지 강위빈(姜渭濱), 자제군관 사과 윤애(尹涯), 군관 전 첨사 김자문(金子文)·사과(司果) 김계헌(金繼獻), 차통사 윤대선(尹大銑), 반당 서리(書吏) 최승선(崔承先)·김응급(金應及), 소동 경주(慶州) 이름 누락됨 , 노자 이름 누락됨 은 종사관의 인솔들이다.

전악 안끝손(安唜孫), 김군상(金君尙)은 제6선에 탔는데, 상사의 복선이다.

일행 원역과 사공, 격군의 총수는 4백7십3인이다. 배 위에 청룡대기(青龍大旗) 1, 둑(纛) 1, 언월도(偃月刀) 1쌍, 삼지창(三枝槍) 1쌍, 청도기(淸道旗)[53] 1쌍, 순시기(巡視旗) 1쌍, 절월(節鉞) 각 1을 세우고, 좌우에 붉은 생사 비단 장막을 드리우고, 대소 인원이 단장하지 않은 사람이 없었고 비단옷을 입은 치장에 해무리까지 찬란하였으니 진실로 놀랄 만하였다. 종사관은 예전에 정사의 배를 탔으나, 지금 처음으로 각자의 배를 타게 되었고, 화려하게 꾸민 난간과 선박의 제도 역시 이번부터 시작되었다고 한다.

7일 갑인일. 맑음.

사수나포에 머물렀다. 귤성공 등이 다음과 같이 말을 전하였다.

"오늘 바람이 불순하니 마땅히 비선(飛船)[54]을 보내 해구에 나가 살펴

---

53 청도기(淸道旗) : 조선 시대 군기(軍旗)의 일종. 행군할 때에 앞에 서서 '길을 비키라'라는 뜻을 나타내는 군기(軍旗)의 하나로 남빛이고 가장자리와 화염(火焰)은 붉은빛이며, '청도(淸道)'라고 쓰여 있다. 본래 청도기는 칙사(勅使)가 제후국(諸侯國)에 갈 때 사용하는 것으로 나중에 일본측에서 사용 중지를 요청하였다.

54 비선(飛船) : 에도시대(江戶時代)의 소형 쾌속선으로, 화물과 사람을 수송하거나 긴급한 용무에 연락선으로 이용되었다.

야 합니다. 만약 악포(鰐浦)[55]에 도달할 수 있다면 매우 다행이겠습니다."

뱃사람들이 모두 출발할 수 없다고 말하였다. 평성춘이 저녁에야 비로소 도착했다. 악포를 살피러 갔던 왜인이 와서 하정(下程)[56]을 바쳤는데 물목이 매우 많았다. 모두 우리 위아래 사람들에게 지공(支供)하려는 것이었다. 상사는 소 3마리를 돌려보내고, 쌀은 일행이 각기 1수두(手斗)씩만 받고 나머지는 돌려보내고자 하였다. 종사관은 기름, 노루, 닭을 모두 돌려보내려고 했다. 부사는 기름과 노루는 줄일 필요가 없다고 하였으나 날이 저물어 받을 수 없었다. 이날 동풍이 크게 불어 출발하지 못하고 배에서 묵었다. 사수나포는 임진왜란 당시 병선이 정박하던 곳이라고 한다.

8일 을묘일. 맑음.

새벽에 출선하여 노를 재촉해 해안을 따라가서, 사시(巳時)에 악포에 도착할 수 있었으나 맞바람 때문에 들어가지 못하고 포구에 정박했다. 인가가 겨우 몇십 채였다. 귤성공이 하륙하라고 애써 청하였다. 상사께서는 하륙하려 하지 않았고, 부사께서는 배에서 묵는 것이 괴로워 몇 번 왕복하셨다. 날이 저물자 상사 이하 약간의 원역이 가마를 타고 들어갔다. 절이 6칸 있었는데, 왼편에 있는 보장사(寶莊寺)는 정사년(1617) 상국(相國) 오윤겸(吳允謙)[57]이 숙박한 곳이라 하였다.

---

55 악포(鰐浦) : 와니우라. 현재의 쓰시마시(對馬市) 가미쓰시마초(上對馬町)에 있는 포구. 통신사의 최초 입항지(入港地) 가운데 하나이다.

56 하정(下程) : 사신이 숙소에 도착하면 정해진 물품 외에 주식(酒食) 등 일상 수요품을 별도로 보내주는 것을 가리킨다.

57 오윤겸(吳允謙) : 1559~1636. 조선 중기의 문신. 본관은 해주(海州). 자는 여익(汝

황혼에 상사, 부사, 종사관이 나란히 앉아 이직, 귤성공, 등지승 등을 불러서 만났다. 이들은 모두 맨발에 칼을 풀고 들어와 기둥 밖에서 절을 하였다. 바다를 건너와 바람에 막혀 매우 고생하는 것에 사례하고 머리를 조아리며 치사하였는데, 예모(禮貌)가 지극히 공손하였다. 상사, 부사, 종사관이 먼 길에 호위해주는 것에 매우 감사한다고 대답하니, 물러나 나갔다. 잠시 후 도주가 또 내야권병위(內野權兵衛)[58]를 보내 생선과 술을 가져와 바쳤다. 등지승은 부중(府中)[59]으로 돌아갔다.

한천상이 와서 마상재(馬上才) 말이 죽었다고 하였다. 절이 허술하여 숙박할 수가 없었으므로, 배에서 각종 도구를 가지고 와 숙박할 곳을 보호하였으나 한기가 온몸에 들어 배에서 자는 것보다 심하였다. 처음 종려나무와 비파나무를 보았다.

益), 호는 추탄(楸灘)·토당(土塘). 1582년 사마시에 합격한 뒤 1589년 전강에서 장원해 영릉참봉·봉선전참봉(奉先殿參奉)을 지냈다. 시직(侍直)을 거쳐 평강현감으로 5년간 봉직하면서 1597년 별시 문과에 병과로 급제하였고, 뒤에 판중추부사·좌의정 등을 역임하였다. 1592년 임진왜란이 일어나자 양호체찰사(兩湖體察使) 정철(鄭澈)의 종사관으로 발탁되었다. 1609년 7월부터 1610년 9월까지 두모포 왜관 시기에 동래부사를 역임하였다. 1617년 첨지중추부사가 되어 회답겸쇄환사(回答兼刷還使)의 정사(正使)로 사행원 400여 명을 이끌고 일본에 건너가 임진왜란 때 잡혀갔던 피로인(被虜人) 150명을 데리고 돌아왔다. 이때 사행록『동사상일록(東槎上日錄)』을 남겼다.

58 내야권병위(內野權兵衛) : 생몰년미상. 우치노 곤베에 또는 평성련(平成連)이라고도 한다. 1637년 관수제(館守制)의 시작으로 쓰시마에서 조선에 파견된 초대 관수. 우치노 곤베에는 차왜로 조선에 파견되었으나, 통상적인 회례사와 달리 숙배(肅拜)의 작법이나 서계(書契)의 문자 개정 등의 내용이 담긴 7개조 요구서를 조선에 제출했다.

59 부중(府中) : 후추. 옛날에는 쓰시마국(對馬國)의 부(府)가 위치한 포구로, 15세기 후반 쓰시마 도주 소 사다쿠니(宗貞國)가 쓰시마 도주의 본거지를 사가(佐賀)에서 이즈하라로 옮겨 쓰시마의 중심이 되었다. 이즈하라항(嚴原港)은 에도시대 쇄국령이 내려졌던 쇄국시대에도 나가사키와 함께 대외무역항으로서의 기능을 한 곳이다. 12차례 통신사행 때마다 조선사신이 이곳에 묵으면서 도주초연(島主招宴)을 베풀거나 망궐례(望闕禮)를 지냈다.

사수나포에서 여기까지 30리이다.

9일 병진일. 맑음.

조반을 먹은 후 배로 돌아왔다. 윤대선(尹大銑)이 말을 타고 뒤에 왔는데, 상사가 갑판 위에서 보고 무례하다 여겨 잡아다가 곤장을 치려 하였으나 곧 풀어주었다. 종사관이 마침내 곤장 3도(度)를 쳤다.

하정 물건이 사수나포로부터 뒤미처 와서 이날 처음 받았다. 1수두라는 것은 왜인의 한 되를 일컫는 말로 우리나라 석 되 부피이다. 이날 배에서 묵었다. 4경에 하늘이 흐려 우비를 펼쳐놓았는데 밤새 빗소리가 들렸다.

10일 정사일. 흐림.

새벽에 출선했다. 흐린 구름이 사방을 둘러싸 있었다. 노 젓기를 독려해 서박포(西泊浦)[60]에 들어가 정박했다. 민가 십여 호가 있었고 뒤에 있는 산에는 온통 동백과 단풍이라 바라보니 그림 같았다. 초저녁에 등지승이 밀감 1포(苞)를 바쳤다.

악포에서 30리이다.

11일 무오일. 맑음.

새벽에 출선했다. 금포(金浦)[61]를 지나는데 바다 물결이 움직이지 않

---

60 서박포(西泊浦) : 니시도마리우라. 현재의 쓰시마시(對馬市) 가미쓰시마초 니시도마리(上對馬町西泊)에 속한다. 상대마(上對馬) 동북 해안에 위치해 있다. 1617년 2차와 1624년 3차 통신사행을 제외한 사행 때마다 조선사신이 이곳에서 묵었다.

61 금포(金浦) : 금포(琴浦)의 오기이다. 긴우라. 현재의 쓰시마시(對馬市) 가미쓰시마

아 노 젓기를 재촉해서 하뢰포(下瀨浦)[62]에 도착했다. 양쪽 벼랑 사이는 겨우 거룻배를 들일 만했다. 왜사공이 영험한 신이 사는 곳이라 뱃사람들에게 말을 하지 못하게 하고, 사당은 벼랑 바위 위에 있다고 하였다. 이것이 주길신묘(住吉神廟)[63]인데 판옥집 몇 칸으로, 관광하는 마을 사람들이 그 가운데 가득하였다. 미시 말에 제탄(帝灘)에 들어가 정박했다. 도주가 사람을 보내 문안하였다. 밤이 깊어 등지승이 사람을 보내 강우성(康遇聖)[64]에게 몰래 말하기를,

---

초 긴(上對馬町琴)에 속한다. 상대마(上對馬) 동쪽 해안에 위치해 있다.

62 하뢰포(下瀨浦) : 압뢰포(鴨瀨浦)의 오기이다. 가모세우라. 현재의 쓰시마시(對馬市) 미쓰시마초 가모이세(美津島町鴨居瀨). 중대마(中對馬) 동쪽 해안에 위치. 사행록에는 압뢰(鴨瀨)·압뢰(鴨賴)·주길탄(住吉灘)·가모세(加毛世)라고도 하였다.

63 주길신묘(住吉神廟) : 현재 쓰시마 가모이세에 있는 스미요시 신사(住吉神祠)를 가리킨다. 신공왕후(神功王后)가 삼한(三韓)을 정벌할 때 이곳에서 해신제를 지내고, 응신천황(應身天皇)을 낳았다는 전설이 전한다.

64 강우성(康遇聖) : 1581~?. 본관은 진주(晉州). 1592년 10월 진주성이 함락되면서 많은 사람들이 왜군의 포로가 되어 일본으로 잡혀갔을 때 당시 12살이었던 강우성도 함께 끌려갔다가 1601년 6월 250명의 피로인(被虜人)이 송환될 때 함께 고국으로 돌아온 것으로 추정된다. 일본어에도 능통하여 1609년 역과(譯科) 왜학(倭學)에 합격하였다. 오사카(大阪)나 교토(京都) 부근에서 10년 동안 억류생활을 했을 때 1600년 9월 세키가하라전투(關ケ原戰鬪) 광경을 직접 목격하기도 하고, 일본의 풍속을 잘 알고 있어 수차례에 걸쳐 부산훈도(釜山訓導)를 지내면서 일본과의 통상외교 임무를 수행하였다. 1617년·1624년·1636년 통신사가 파견될 때마다 역관으로 수행하였다. 1624년 정사 정입(鄭岦)·부사 강홍중(姜弘重)·종사관 신계영(辛啓榮) 등 삼사신이 회답겸쇄환사(回答兼刷還使)로 도쿠가와 이에미쓰(德川家光)의 습직(襲職)을 축하하고 임진왜란 때 잡혀간 피로인을 데리고 돌아오기 위해 일본에 건너갔을 때, 박언황(朴彦璜)·이형남(李亨男)·장선민(張善敏) 등과 함께 상통사(上通事)로 일본에 건너가 피로인 쇄환에 온 힘을 기울였다. 1637년 5월 특송선(特送船) 2척·평언삼송사(平彦三送使)·세견선(歲遣船) 13척이 정관(正官) 없이 서계만을 가지고 오면서 세견선(歲遣船)의 액수를 줄인 동시에 겸대제(兼帶制)가 본격적으로 시행되게 되었는데, 이 일을 잘 주선하였다 하여 홍희남(洪喜男)·이장생(李長生) 등과 함께 상을 받았다. 뒤에 품계가 가선대부에 이르렀고, 저술로는 일본어 학습서인 『첩해신어(捷解新語)』 10권을 남겼다.

"내일 인서당(璘西堂)[65]과 소장로(召長老)[66]가 맞이하러 나올 테니 배에 있는 장비들을 신칙하지 않을 수 없습니다. 비장들이 찬 칼을 보니 모두 우리나라[일본]에서 나온 물건인 데다 조악하니, 깊이 감추고 내놓지 않기를 바랍니다. 창극(槍戟) 역시 좋지 않으니 칼집에서 꺼내지 마십시오. 조총이 만약 우리나라에서 제조한 것이라면 꺼낼 필요가 없습니다."
라고 하였다.

서박포에서 여기까지 1백7십리이다.

12일 기미일. 맑음.

새벽에 출선하였다. 노를 저어 가서 부중(府中) 20리 전에 종사관이 부사에게 편지를 보내 말하기를,

"도주가 미처 나오지 않았으면 어떻게 해야 하겠습니까?"
라고 하였다. 부사는 전진하지 말라고 답하였다. 너무 일찍 출발하여 그들이 미처 맞이하러 나오지 못했기 때문이었다. 이윽고 도주 의성(義成)[67]이 도착했는데, 위의와 시종이 매우 성대하였다. 인서당, 소장로

---

65 인서당(璘西堂) : 옥봉광린(玉峰光璘, 교쿠호 고린, ?~?). 동복사(東福寺) 보승원(寶勝院) 승려로 1635년 당음현소(棠蔭玄召)·동숙수선(洞叔壽仙) 등과 함께 최초로 조선수문직(朝鮮修文職)에 임명되어 교대로 이정암(以酊庵)에 파견되었으며, 쓰시마번(對馬藩)의 대조선 외교업무를 수행하였다. 당시 조선의 국서에서 도쿠가와 쇼군(德川將軍)의 호칭을 일본 국왕(國王)에서 일본국 대군(大君)으로 변경할 때 '대군'이란 호칭을 제안하기도 하였다.

66 소장로(召長老) : 당음현소(棠蔭玄召, 도인 겐쇼, 1592~1643). 동복사(東福寺) 남창원(南昌院) 승려로 1635년 옥봉광린(玉峰光璘) 등과 함께 최초로 조선수문직(朝鮮修文職)에 임명되어 교대로 이정암(以酊庵)에 파견되었으며, 쓰시마번(對馬藩)의 대조선 외교업무를 수행하였다. 시문에도 능하였다.

역시 도착했는데, 위의와 시종이 도주와 같았다. 배가 가까워지자, 세 사신이 갑판 위로 나와 서로 읍하고, 두 배가 마침내 앞에서 인도하였다. 부중까지 5리 못 미쳐 장맛비가 내리기 시작했고, 해안에 도착하니 장맛비가 더욱 심해져, 우산을 들고 말을 잡고 있는 왜인이 해안에 가득했다. 미시 말에 비가 그쳤다.

상사 이하가 국서를 받들고 차례로 들어갔다. 구경하는 자들이 담처럼 둘러서있고 남녀 모두 가득했다. 섬의 지세가 협소하고 사방이 모두 산인데, 민가는 천여 호보다 적지 않았다. 2, 3리 가서 비로소 관사에 도착했다. 바로 풍기수(豊崎守)와 도주 누이의 집이었다. 가운데에 정당(正堂)을 설치하였는데, 사신을 위해 새로 지은 것이라 하였다. 따로 온돌방이 있고, 베개, 방석, 휘장, 이부자리가 대략 우리나라 것을 모방한 것이었으니, 모두 새로 만든 것이었다. 보살피고 물건을 접대하는 일에 각기 일을 맡은 사람이 있었고, 접대하는 예가 지극히 공손하였다.

인서당이 먼저 도착해 기다리고 있다가 들어와 알현한 후 곧 사직하였다. 왜통사 30인이 뜰 아래에서 알현하였다. 초저녁에 진무(振舞)[68]를 베푸니, 왜의 풍속에서 접대를 베푸는 것을 일컫는 말이다. 찬품이 매우 맛있었다. 일행의 원역이 나누어서 각 청(廳)에서 접대를 받았다.

---

67 의성(義成) : 종의성(宗義成, 소 요시나리, 1604~1657). 쓰시마 2대 번주이다. 경작지를 조사하고, 보리사(菩提寺)와 만송원(萬松院)을 창건하였으며, 통신사 접대의 간소화에 의한 재정 절감, 은광산 개발 등을 적극적으로 추진하여 번정(藩政)의 기초를 다지는 일에 전념하였다. 1635년 조선과 기유약조(己酉約條)를 체결할 때 국서(國書)를 위조했던 일이 막부에 발각되어 영지를 몰수당할 위기에 처하였으나, 막부에서 조선과의 연결통로로 종씨를 이용하는 것이 이익이라고 판단하여 몰수를 면하였다.

68 진무(振舞) : 접대, 연향을 뜻하는 일본어 후루마이(振舞い)를 한자로 표기한 것이다.

새로 만든 온돌방이 아직 마르지 않아서 대청에서 묵었는데, 추위를 견딜 수 없었다.

제탄에서 부중까지 70리이다.

13일 경신일. 맑음. 대마도에 체류함.

아침에 도주와 두 승려가 문안하러 사람을 보냈는데, 날마다 하는 것을 예(禮)라고 여겼다. 들으니 이날 도주와 두 승려가 마땅히 만나러 온다고 하였는데 날이 저물도록 오지 않았다. 역관에게 물으니 대답하기를,

"평성춘, 이직 등이 와서 말하기를, 두 승려가 예모를 우아하게 할 수 없어 하루종일 연습하며 정하다가 날이 저물게 되었다고 하니, 내일 마땅히 알현하러 올 것이라 하였습니다."

라고 하였다. 밤에 도주가 사람을 보내 말하였다.

"여염에 불이 난 곳이 있으나 지금 이미 껐습니다. 시끄러운 소리가 관사에 미쳤을까 걱정되어 감히 이렇게 문안합니다."

14일 신유일. 맑음. 대마도에 체류함.

도주와 두 승려가 세 사신을 알현하러 왔다. 중문 밖에 이르러 죽도자(竹篼子)[69]에서 내려 차례로 들어오고, 창칼과 시종들은 모두 밖에 두었다. 의성은 소위 공복(公服)이라는 것을 입고 두 승려는 가사를 입었으며, 종자가 각기 십여 인이었다. 계단에 이르러 의성은 검을 풀고 맨발이 되었고 두 승려는 신을 벗었다. 당에 올라 두 번 읍하는 예를 행하

---

69 죽도자(竹篼子) : 대나무로 만든 작은 가마.

고 의자에 나누어 앉았다. 의성이 감사하였다.

“세 분 대인께서 바다를 건너 멀리 오시니 감격스럽기 그지없습니다만, 몸이 힘드실까 지극히 염려스럽습니다.”

두 승려가 말하였다.

“저희들은 대군(大君)[70]께서 마중하고 살펴드리라 보낸 사람입니다. 하교하실 일이 있으면 감히 마음을 다하지 않겠습니까?”

세 사신께서 대답하였다.

“명을 받들고 빙문을 와서 감히 노고를 운운하겠습니까? 먼 길을 동행하니 매우 다행입니다.”

이어서 말씀하셨다.

“예조의 서계(書啓)[71]가 여기 있으니, 마땅히 보내드리겠습니다.”

---

70 대군(大君) : 막부의 3대 장군 도쿠가와 이에미쓰(德川家光, 1604~1651)를 가리킨다. 1623년 조정으로부터 정이대장군에 임명되었으며, 2대 장군이었던 아버지 히데타다가 오고쇼(大御所)로서 군사지휘권 등 정치실권을 장악하였다가 1632년 히데타다의 죽음 이후 실질적인 친정(親政)체제를 갖추었다.

71 서계(書契) : 조선시대에 조선과 쓰시마가 주고받은 공식 외교문서. 서계는 조선 후기 쓰시마와의 통교·무역에 관한 모든 교섭을 수행할 때 기본이 되었던 조선정부의 공식 외교문서이며, 조선정부의 최종안에 관한 확인은 물론 양국간의 정치·외교·경제·사회·문화에 관한 교류를 아는 데 기본이 되는 사료이다. 쓰시마도주나 막부관리에게 보내는 서계도 대개 국서의 양식과 같았는데, 그 길이는 2척 4촌, 너비는 5촌 5푼이고, 매첩 4행씩이었다. 대상 인원은 처음에는 집정(執政, 老中) 4인, 봉행(奉行) 6인에게만 보냈는데, 1682년 집정 1인, 집사(家老) 3인, 서경윤(西京尹)·근시(近侍) 각각 1인으로 바뀌었다. 그리고 1719년에 다시 바뀌어 집정과 근시·서경윤 각각 1인에게만 서계를 보냈다. 격식은 국서와 거의 같고 상대의 직위에 따라 보냈다. 집정에게는 예조참판, 쓰시마도주에게는 예조참의, 반쇼인(萬松院)·이테이안(以町庵)·호행장로(護行長老)에게는 예조좌랑의 이름으로 작성하였다. 서계와 함께 항상 상대의 직위에 따른 선물목록(別幅)이 첨부되었으며, 일본측에 대한 회답국서(回答國書)와 회답서계(回答書契)의 양식도 정해져 있었다. 이들 서계를 통해 양국간에 주고받은 외교 문서의 형태나 내용을 알 수 있다.

도주가 감사하였다.

"조정에서 서계를 보내니 지극히 감사합니다."

곧 인사하고 떠났는데, 도주의 예의가 지극히 공손하였다. 두 승려가 배로 맞이하는 일과 서당(西堂)이 알현하러 들어오는 일은 전날 현방(玄方)[72] 때는 하지 않은 것이라고 한다.

도주는 매우 용렬하였다. 뜰에 들어왔는데 두 승려가 미처 오지 못하자 가운데 서서 사방을 바라보고 웃으려 하니, 우매하고 천박한 모습을 알만했다. 소장로는 영악하고 눈동자가 불량하였으며 읍양(揖讓)할 때 손을 떨어 예의를 잃었다. 인서당은 행동거지가 부지런하여 볼 만하였다. 서수좌(徐首座)라는 자가 있는데 현방의 제자로 교활하기 짝이 없었다. 만나보니 그가 물건을 속이는 것을 알겠는데, 도주에게 총애를 받고 있었다. 평성춘, 이직이 가장 권세를 부리는 자인데 이직은 연소하지만 교만하고 망령되었다.

날이 저물자 도주와 두 승려가 각기 사람을 보내 문안하였다. 홍희남이 서계를 가지고 성으로 가니, 도주가 공복을 갖추어 입고 대청에 나와 받았는데 예모가 지극히 공손했고 기쁨을 스스로 이기지 못하며 이어서 말하기를,

"내가 조정의 은혜를 입었으니, 이번 사신 행차에 조금이라도 소홀

---

72 현방(玄方) : 규백현방(規伯玄方, 기하쿠 겐보, 1588~1661). 아즈치 모모야마(安土桃山, 1590년경) 시대부터 에도시대 전기까지 외교승으로 활약했던 쓰시마 이정암(以酊庵)의 승려. 호는 자운(自雲). 1629년 후금(後金)이 조선에 침입하였을 때, 에도막부의 명령을 받고 정세파악을 하기 위해 한양에 왔는데, 이때 그의 외교적 수완이 높이 평가받았다. 1617년, 1624년 회답겸쇄환사의 접반승(接伴僧)으로 활약하였다. 국서개찬사건(國書改竄事件)에서는, 시종일관 쓰시마 종가(宗家) 측을 두둔하는 입장을 취하였지만, 외교승으로서의 책임을 지고 24년간 모리오카번(盛岡藩)으로 유배되었다.

한 마음이 없을 것을 저 바다에 두고 맹세하겠다."
라고 하였다고 한다.

15일 임술일. 맑음. 대마도에 체류함.

저물녘에 도주가 하정을 바쳤는데, 물목이 매우 많아 일행의 하인까지 두루 나누어주었다. 소장로가 다섯 층의 화려한 함에 담은 과실과 떡을 삼사에게 보냈다. 편지에,

"깨끗하고 훌륭하신 모습을 한 번 뵙고 수만 겹 태산북두 같은 모습을 우러러 뵈었으니 다행이고 다행입니다. 승려는 숲에 사는 성정(性情)과 속세를 떠난 수단(手段)을 지녀서, 시서(詩書)를 배우지 못하였습니다. 더구나 또 예절에 어두우니, 다만 교제(交際)에 당돌함이 많을까 두렵습니다. 삼가 헤아려 주시길 바랍니다. 제 마음속의 생각을 다 말씀드리지 못하고 얼굴만 더욱 뜨거워집니다. 이어 각각 부기(附記)하여 변변치 못한 것을 드리오니, 웃으며 받아 주시면 영광이겠습니다. 초겨울의 서리 내리는 추위에 여행 중 몸조심 하소서. 당음현소(棠陰玄召) 올림."
라고 하였다.

세 사신이 답하셨다.

"삼가 왕림해주심을 받들고 부드러운 말씀을 접하였습니다. 뜻밖에도 해외에서 대사의 진정한 위의를 뵈옵게 되니, 갑자기 사람 마음을 취하게 만듭니다. 편지를 받고 진귀한 선물도 함께 주시니 정중함에 더욱 감사합니다. 감히 삼가 받지 않겠습니까? 이만 줄입니다."

서당 옥봉 광린 역시 과실과 떡을 보내며 편지를 갖추었으므로 또 답서를 보냈다. 역관 강우성에게 가서 도주를 만나 포로 쇄환에 관한

일을 말하도록 하니, 정성을 다해 주선하겠다고 대답하였다. 가서 두 승려를 만나게 하니 술잔을 차리고 환대를 하여 밤이 깊어 돌아왔다.

16일 계해일. 맑음. 대마도에 체류함.

군관 행렬이 나가니, 도주와 그의 어미, 처가 나란히 관광하며 탄복하였다. 이날 비로소 예단을 내어, 도주, 두 승려, 등지승, 귤성공, 선두왜(船頭倭) 13명 등에게 차례로 나누어 지급하였다. 마침 돌아가는 왜선이 있어 장계를 봉해 보냈다.

17일 갑자일. 맑음. 대마도에 체류함.

도주가 상귤(霜橘) 한 그릇을 바쳤다. 이날 저녁에 추워지기 시작하고 대풍이 밤새 불었다. 절서(節序)가 우리나라 8, 9월과 꼭 같아 초목이 아직 누렇게 되지 않았다.

18일 을축일. 맑음. 대마도에 체류함.

아침 일찍 큰 바람이 불다가 오후에 그쳤고, 밤이 깊자 또 불었다. 앞서 도주가 연회(宴會)를 청한 지 며칠 되었는데 이날에야 비로소 가기를 허락했다. 세 사신이 가마를 타고 뒤를 따라 나갔다. 살피는 왜인이 앞뒤로 옹호하였다.

구경하는 자가 미어터졌다. 거리에 모두 엎드려 있었는데, 어린 아이일지라도 한 마디 소리를 내지 않았다. 간간이 하얀 긴 옷을 머리에 쓰고 얼굴을 가린 채 구경하는 이가 있으니, 바로 양반 부인이라 하였다. 승려와 속인 사이에 섞여 있었고, 얼굴은 옥 같고 이는 모두 검게 물들였으며 알록달록한 옷을 입었는데 형태가 승려의 옷과 비슷했다.

신분이 높은 사람은 머리를 풀어헤쳤고 낮은 사람은 머리를 묶었다.

도주가 사는 곳에는 삼중문이 있었고 겹으로 된 성과 담장 위에는 포루(砲樓)를 설치하였다. 저택이 웅장하고 화려하였으며, 단청을 하지 않았다. 좌우에는 모두 갑주와 창을 걸어놓았고, 금병풍으로 주위를 둘렀다. 북쪽 벽에는 송나라 휘종(徽宗)의 《백응도(白鷹圖)》 1쌍을 걸어놓았고, 동쪽 벽에는 주렴을 설치하여 부인이 관광하는 곳을 만들어 놓았는데, 도주의 어미와 처가 그 안에 있다고 하였다. 중당에는 향례(享禮)를 위한 탁상이 차려져 있었고, 기명과 찬품이 모두 우리나라 방식을 모방하였다.

사신이 내문에서 가마에서 내리자, 도주와 두 승려가 하당(下堂)에서 맞이하였다. 정청(正廳)으로 들어가서 두 번 읍례를 행하였다. 향례를 행하는데, 예모가 지극히 공손하고 각별했다. 일행 원역은 나란히 대청에 나누어 잔치를 베풀어주었다. 일을 맡은 자가 수백 명이었으나 조용하여 소리 하나 나지 않았다. 도주와 두 승려의 뒤에 모시는 자가 무수하였는데, 모두 단도를 차고 엎드려 있었다. 승려는 칼을 차지 않았다.

앞에 종종걸음 쳐 달리는 자들이 모두 긴 바지를 입고 있었는데 한 자 남짓 땅에 끌렸다. 보고 있으니 괴이하였다. 갑작스럽게 일어날 수 있는 우환을 방지하느라 빨리 걷지 못하게 하려는 뜻이 분명했다.

구작(九酌)을 행한 후 파하고 세 사신이 나서려 할 때 도주가 책상다리하고 앉아서 중작례(重酌禮)를 행하기를 애써 청하였는데, 바로 이 나라에서 공경을 다하는 지극한 예라 하였다. 술을 촛불을 켤 때까지 마셨다. 두 승려에게 말했다.

“오늘 이 만난 자리에 어찌 통역을 쓰겠습니까? 종이에 문답을 써도

되겠습니까?"

승려가 말하였다.

"예예."

즉시 다음과 같이 썼다.

"대군께서 선왕의 공을 두터이 하시고 조정에서 사신을 보낸 것이 비록 대마도의 청에서 나온 것일지라도, 국가의 교빙(交聘)은 성신(誠信)만 한 것이 없습니다. 뜻밖에 두 스님께서 국경까지 멀리 맞이하러 오시니 대군의 성의가 여기에 이르러 더욱 드러납니다."

또 다음과 같이 썼다.

"피로인(被擄人) 조목이 자세히 있고 봉행(奉行)[73]의 문서에도 역시 있

73 봉행(奉行) : 부교. 에도막부시대 쇼군의 뜻을 받들고 이를 아래에 행한다는 의미를 지닌 번(藩)의 직제의 호칭. 봉행왜(奉行倭)·봉행왜인(奉行倭人)이라고도 하고, 통신사와 관련하여 업무를 보는 부교를 신사부교(信使奉行)라고도 한다. 그밖에도 역할과 소속에 따라 호행부교(護行奉行)·호송부교(護送奉行)·영접부교(迎接奉行)·차왜부교(差倭奉行)·집사부교(執事奉行)·중납언부교(中納言奉行)·부교재판(奉行裁判)·쓰시마부교(對馬奉行, 馬島奉行, 馬州奉行)·판성부교(坂城奉行)·사사부교(寺社奉行)·출참부교(出站奉行)·서물부교(書物奉行) 등이 있다. 본래 부교는 윗사람의 명령에 의해 공사(公事) 등을 집행하는 것, 또는 그 담당자를 뜻하는 말이다. 에도시대 초기 로주(老中)제도의 성립기에는 로주에 해당하는 도시요리(年寄)를 부교라고 불렀다. 로주제도가 확립된 시기에는 로주나 와카도시요리(若年寄)의 지배 아래 있으면서 특정한 역할을 수행하였던 장관을 부교라고 부르게 되었다. 중요한 부교직은 로주의 관할이나 신사부교는 쇼군 직속이었다는 설도 있다. 통신사가 일본에 파견되었을 때, 서계(書契)와 예단(禮單)을 막부 부교 6인에게 보내기도 하였다. 이후 일본 집정(執政)과 부교에게 보내는 서계와 예단은 폐지되었지만, 사사부교(寺社奉行)·집사부교(執事奉行)·쓰시마부교(對馬島奉行) 등에게 통신 삼사신(三使臣)의 사예단(私禮單)이 지급되었다. 1682년 정사 윤지완(尹趾完)·부사 이언강(李彦綱)·종사관 박경후(朴慶後) 등 통신사 일행이 에도에서 도쿠가와 쓰나요시(德川綱吉)의 습직(襲職)을 축하하고 10월 18일 쓰시마후추(對馬府中)로 돌아와 올린 장계에 의하면, 에도의 부교 등 여덟 사람에 대해서는 예조에서 공·사예단(公私禮單)을 마련하였는데, 에도에 이른 후 여러 곳에 예물을 나누어 지급할 때에 줄 사람 수가 많아

으니, 두 대사는 지극히 힘을 써주십시오."

또 다음과 같이 썼다.

"대군께서 사신이 입국했다는 말을 듣고 급히 도주를 돌려보내 나와서 접대하도록 하였으니, 뜻이 매우 성대합니다. 오가고 맞이하고 전송하는 것에 전례를 실추시키지 않기를 오직 바랄 뿐입니다."

도주가 관백(關白)[74]이 고지식하게 처리할까 두려워 몰래 사람을 보내 청했기 때문에 말한 것이다. 두 승려가 나란히 대답했다.

"감히 힘을 다하지 않겠습니까?"

이어서 매우 간절하게 시를 청하였다. 이어서 절구 한 수를 써서 세 사신에게 바쳤다. 세 사신이 즉석에서 차운하였다. 부사는 또 입으로 여덟 운을 불러 배율 2수를 두 승려에게 주었다. 종사관 역시 두 승려에게 주었다. 두 승려가 드디어 종사관의 시에 차운하고, 파하고 돌아갔다. 도주가 밤에 이직을 보내 감사하였다.

서계와 공예단은 전급(傳給)하지 못하고 다만 사예단만 주었다고 하였다.

74 관백(關白) : 천황(天皇)을 대신하여 정치를 행하는 직책. 율령에 본래 규정된 관(官)은 아니며 영외관(令外官)이다. 관백은 표면상으로는 천황을 대행하여 정무를 수행했으나, 종종 정권의 실세로 행동했다. 후지와라씨 가문 출신이 아닌 관백은 도요토미 히데요시(豊臣秀吉)와 그의 양자 히데쓰구(秀次) 뿐이다. 히데요시는 1590년 일본을 재통일하여 자기 지배 하에 둘 수 있는 군사적 독재자였지만 쇼군(將軍)이라는 칭호를 사용하지 못했다. 미나모토씨(源氏) 가문의 후손들만이 장군이 될 수 있었기 때문이었다. 대신 그는 후지와라씨 가문의 후손이라 선언하고 관백을 자처했다. 이 직책은 도쿠가와 이에야스(德川時代) 말기까지 계속되었으나, 히데요시 이후에는 실권이 없어졌다. 조선에서는 도요토미 히데요시가 관백에 오르고 난 이후 관백을 일본의 최고 통치자라는 의미로 사용했다. 이와 같은 현상은 조선 후기에도 이어져 강호시대의 실질적인 통치자였던 막부(幕府)의 정이대장군(征夷大將軍)을 '일본국왕' 또는 '관백'이라고 부르는 것이 일반적이었다. 관백은 이른바 교린외교체제(交隣外交體制)에서 조선 국왕의 상대역이 되었다.

19일 병인일. 맑음. 대마도에 체류함.

소장로가 어제 부사의 팔운시(八韻詩)에 차운하여 보냈다. 종사관이 곧바로 차운하여 주고, 부사 역시 다시 차운하여 감사하였다.

도주가 악공들이 음악 연습하는 것을 듣고 싶다고 애써 청하였다. 상사께서는 허락하고자 하였으나, 부사께서 국상(國喪)이 아직 끝나지 않았다고 하여 끝내 허락하지 않았다.

20일 정묘일. 맑음. 대마도에 체류함.

일기가 온난하여 8월 같았다. 도주가 다음과 같이 말을 전하였다.

"내일 바람이 반드시 좋을 것입니다. 짐을 정돈하고 아침 일찍 떠났으면 합니다."

오후에 별하정(別下程)[75]을 바쳤다. 앞서 오일하정(五日下程)[76]에서 들인 미곡(米穀)이 가장 넉넉하여서, 삼방의 곡식을 합해 보니 남은 쌀이 40표(俵)였다. 1표는 우리나라의 9두(斗) 5승(升)이 들어간다. 20표를 왜사공 13인에게 나누어 주고, 나머지는 다 돌려보냈다. 이날 상사께서 감기에 걸렸다.

21일 병진일. 맑음. 대마도에 체류함.

새벽에 도주가 다음과 같이 말을 전해왔다.

"만약 바람이 좋으면 출발해야 합니다. 바람을 살피는 자가 아직 오

---

75 별하정(別下程) : 규례 외에 특별히 식량이나 물품을 지급하는 일을 가리킨다.

76 오일하정(五日下程) : 하정(下程)을 오일마다 지급하였으므로, 오일하정이라고도 부른다.

지 않았으니, 일출을 기다렸다가 다시 보고하겠습니다."

이윽고 또 보고하였다.

"오늘은 이미 늦었습니다. 이후에 비록 바람이 불어도 출발하기 어려울까 걱정스럽습니다."

곧 뱃사람을 불러 물으니, 지금 동풍이 불어 출선하기에 적합하지 않고, 해로가 지극히 멀고 바람이 약해서 출발할 수 없다고 하였다. 도주가 나가서 배를 타고 출발했다가 돌아왔는데 오늘이 길일이라고 하여 그런 것이라 하였다.

22일 기사일. 맑음.

해가 뜨자 대마도를 출발하였다. 배를 타고 두 승려와 도주가 따라왔다. 서풍이 불자 선박들이 돛을 펴고 출발하였는데 모두 흰 돛이었다. 모두 50척이었다. 바람이 강하지도 약하지도 않아 배가 매우 평온하게 주행하였다. 미시 말, 일기도(壹岐島) 풍본포(風本浦)[77]에 도착하였는데, 일본어로 "백사모도우라(百沙毛都于羅)"[78]라고 한다. 물가의 인가가 50여 호 되었는데 영락하여 있었다.

평호도(平戶島)[79] 태수가 관할하는 곳인데, 태수는 강호(江戶)[80]에 있

---

77 일기도(壹岐島) 풍본포(風本浦) : 현재의 나가사키현(長崎縣) 이키시(壹岐市) 가쓰모토정(勝本町) 가쓰모토우라(勝本浦). 이키도(壹岐島)의 북부에 위치. 풍본포(風本浦). 가쓰모토우라(勝本浦)라고도 한다. 12차례 통신사행 때마다 조선사신이 주로 이곳 류구지(龍宮寺)와 다옥(茶屋)에 묵었고, 이키를 관할하는 히라도(平戶) 도주(島主)의 접대를 받았다.

78 백사모도우라(百沙毛都于羅) : 가쓰모토우라의 한자식 표기로 보인다. "百"은 "間"의 오자로 추정된다.

79 평호도(平戶島) : 히라도시마. 현재의 나가사키현(長崎縣) 북서부에 위치한다. 옛 히

고 아관(亞官)인 능판대선(能坂大膳)이 나와서 접대하였다. 하륙할 것을 힘써 청하였으므로, 다만 원역으로 하여금 진무(振舞)를 받고 돌아오도록 하였는데, 찬품을 지극히 풍부하게 준비하였다고 한다. 하정을 바쳤는데 날마다 하는 것이 관례라 하였다. 대마도에서 여기까지 4백 8십리이다.

섬에는 30리 정도의 7개 마을과 14개의 포구가 있었고, 동서로 반나절 일정이며, 남북으로는 하루 일정이다. 논과 밭이 반반이며, 땅은 오곡이 난다. 도주가 일찍이 평호도 태수와 사이가 좋지 못하였는데, 조흥(調興)의 송사(訟事)[81] 때 대군이 평호로 대신 관할하게 하려 하였다.

라도번(平戶藩) 마쓰라씨(松浦氏)의 조카마치(城下町)로서 쇄국(鎖國) 전에는 중국·포르투갈·네덜란드 등과의 국제무역항으로 대외무역의 중심이었다. 1607년 제1차 통신사행이 있던 윤 6월 22일에 조선사신이 이키(壹岐)에 도착하자 히라도 도주(島主) 호인(法印, 마쓰라 시게노부(松浦鎭信))이 관(館)에 내려와서 접대하였다. 지리상 가까워 이 섬에 포로로 잡혀간 조선인이 상당수 있었다.

80 강호(江戶) : 에도. 현재의 도쿄도(東京都) 지요다구(千代田區) 지요다(千代田)에 위치. 옛날에는 무사시국(武藏國) 도시마군(豊島郡)의 일부였으나, 헤이안(平安)시대 말기에 지치부헤이씨(秩父平氏)의 일족인 에도씨(江戶氏)가 현재의 고쿄 지역에 저택을 지었고, 무로마치(室町)시대에 우에스기씨(上杉氏)의 무장(武將)인 오타 도칸(太田道灌)이 에도성을 축성하면서 성시(城市)로 발달하였다. 1590년 도쿠가와 이에야스(德川家康)가 입성(入城)한 이래 막부(幕府)의 소재지로 번영하였다. 1868년 7월 명치유신(明治維新) 때 도쿄(東京)로 개칭하였고, 그 이듬해인 1869년에 수도가 되었다. 1719년 정사 홍치중(洪致中)·부사 황선(黃璿)·종사관 이명언(李明彦) 등 통신사 일행이 도쿠가와 요시무네(德川吉宗)의 습직(襲職)을 축하하기 위해 일본을 방문하였을 때를 예로 든다면, 9월 27일에 최종 목적지인 이곳 에도에 도착하여 조선으로 돌아가기 전인 10월 14일까지 히가시혼간지(東本願寺)에서 묵었다. 10월 1일에 망궐례(望闕禮)를 지내고 국서전명식에 참석하였으며, 그 외에도 5일에는 마상재(馬上才)를 하였고, 9일에는 쓰시마도주의 별원에서 설행하는 별연(別宴)에 참석하였으며, 11일에는 상사(上使)가 사견(辭見, 송별인사)을 하였고, 13일에는 상마연(上馬宴, 귀국시 여는 연회)에 참석하였다. 에도성에서의 국서전명식과 연향의례에 참석할 때에 통신사 일행은 에도성의 32개의 출입문 가운데 사쿠라다몬(櫻田門)과 오테몬(大手門)을 이용하였다.

도주가 태수에게 만 금을 썼으나 사양하고 받지 않았는데, 심덕(心德) 때문이었다고 한다. 앞서 도주가 사람을 보내 다음과 같이 말하였다.

"오늘 바람이 반드시 좋을 것이지만, 해가 뜬 뒤에야 정할 수 있을 것입니다. 조용하게 출발하기를 바랍니다."

마침 상사는 이미 삼취(三吹)[82]를 하였고 부사는 미처 식사를 하지 못하였으므로, 문을 나서려던 깃발과 둑기(纛旗)가 어찌할 바를 몰라 하니, 마침내 문을 잠가버렸다. 상사 군관 장문준이 상사에게 고하였다.

"문이 잠겨있어 나갈 수가 없습니다."

상사께서 노하셨다. 종사관은 역관이 마음을 다하지 못해서 이런 변이 일어났다고 여겨 강우성에게 곤장을 치려하였다. 상사께서 따르지 않자, 종사가 노여워하였다. 일기도에 도착하여, 종사관이 부사를 대하여 강우성의 죄상을 힘써 말하였다. 부사가 말하였다.

"저는 처음 듣는 얘기입니다. 이것은 망령된 왜인 하나가 정신없는

---

81 조흥(調興)의 송사 : 대마도주 종의성과 가로(家老) 유천조흥(柳川調興)이 조선과 일본 사이에 교환한 국서(國書)의 위조를 둘러싸고 대립한 사건을 가리킨다. 임진왜란이 끝나고 에도막부(江戶幕府)를 연 덕천가강(德川家康)은 쓰시마번에게 조선과 국교 정상화 교섭에 나설 것을 명했다. 1605년, 조선은 일본에서서 먼저 국서(國書)를 보낼 것을 요구했고, 대마도는 국서를 위조하여 조선에 제출했다. 조선은 일본에 회답사를 파견하였으나, 막부 쪽에는 통신사(通信使) 파견이라고 거짓으로 보고했다. 대마도는 회답사의 답서도 위조했고, 1617년과 1624년의 3차에 걸친 교섭에서도 양국의 국서를 고쳐 쓰거나 위조하여, 1609년에는 마침내 기유약조(己酉約條)를 체결하고 조일무역을 재개하였다. 가로(家老)였던 유천조흥은 독립하여 하타모토(旗本)로 승격할 것을 노리고, 종의성과 대립하면서 국서개작 사실을 폭로하였다. 그러나 막부에서는 하극상 풍조가 횡행하던 전국시대가 완전히 끝났다는 것을 보여주기 위하여 이 사건을 어가소동(御家騷動, 하극상 사건)으로 인정하겠다는 방침을 세웠다. 사건의 처리 과정에서 대마도주의 지위를 확립시켜 줌으로써 대조선 외교 통로를 쓰시마 도주로 일원화시켰다.

82 삼취(三吹) : 군대가 출발할 때 세 번 나발을 부는 것을 가리킨다.

가운데 저지른 일에 불과하고, 도주의 분부가 따로 있었던 것이 아닙니다. 만약 강우성에게 곤장을 친다면, 종로에서 뺨을 맞고 한강에서 화를 내는 것에 가깝지 않겠습니까? 사정은 놀랄 만합니다만, 작은 것에 실수할까 걱정스럽습니다. 도주가 마음으로 부끄러움을 참으며 말을 하지 않으니, 다시 무슨 일을 하겠습니까?”

마침 식부(式夫)와 이직(伊織) 두 왜인이 왔으나, 상사와 종사관은 모두 이미 취침하였고, 부사께서 역관 홍희남을 시켜 끌고 와 문책하고 보냈다. 이날 배 위에서 묵었다. 도주가 애써 하륙할 것을 청하였으나 허락하지 않았다.

23일 경오일. 맑음.

동풍이 크게 일어 출발하지 못하고, 일기도에서 머물렀다. 도주가 귤성공에게 사죄하도록 하고, 이어서 비선을 보내 잡아다가 처치할 계획이라고 말하였다. 종사가 중하게 다스릴 필요가 없다고 타일렀다.

상사의 배에 물건을 잃어버린 자가 있어서 일행의 짐을 수색하다가, 격군의 짐에서 어피(魚皮) 60장이 발견되었다. 상사가 곤장을 치고 물리쳤다. 그리고 일행을 통틀어 일시에 수색을 하였는데, 화원 김명국의 짐에서 금하는 물건이 있어, 종사관에게 보내 죄를 다스렸다. 이날 배 위에서 묵었다.

24일 신미일. 흐림.

식후 하륙하여, 용흥사(龍興寺)에 들어가 머물렀다. 성모사(聖母祠)가 그 곁에 있었다. 처음 소철(蘇鐵)을 보았는데, 잎의 길이가 한 자 남짓 되었고, 색은 측백나무 같았다. 말랐을 때 철을 꽂아두면 반드시 살아나므로 이 때문에 이름이 지어졌다고 한다. 이는 이해할 수 없는 물리이다. 뜰 뒤에 동백이 활짝 펴 있었다. 강우성이 흰 돌 여러 조각을 가지고 들어와 부사에게 아뢰었다.

"이것은 도주가 바친 것인데, 돌의 결 사이에 낙엽이 많이 있습니다. 산꼭대기에 있는 것인데 지극히 괴이합니다."

보니 희고 무른데, 마른 거품 모양을 하고 있었고 잎이 안에 말라 있었다. 부사가 우스개로 응수하였다.

"이것은 개벽 전 낙엽입니다."

나가자 의관 한언협이 당병(糖餅)인 줄 알고 한 잎 가득 넣고 씹었는데 돌 조각이어서, 일행이 크게 웃었다. 초저녁 대마도 세견선(歲遣船)[83]이 동래로부터 왔다.

25일 임신일. 맑음.

도주와 두 승려가 모두 떠나기를 청하였다. 식후 배를 타고 돛을 올려 포구를 나섰다. 바람이 매우 평온하여 배안에 멀미하는 자가 없었다. 작은 섬을 지나 신시 말에 남도(藍島)[84]에 도착했다.

주민 2십여 호가 있었는데, 축전주(筑前州)[85] 소속이다. 배를 정박한

---

83 세견선(歲遣船) : 조선시대에 일본의 각 지방으로부터 교역을 위해 해마다 도항해 온 선박. 1609년(광해군 1)에 기유약조(己酉約條)에 의해 국교가 재개되면서 일본과의 통교를 대마도주에게 일원화시키고, 세견선은 대마도주에게 20척으로 한정하였다. 세견선을 1년에 8회로 나누어 보낸다는 의미에서 연례팔송사(年例八送使)라고 하였다.

84 남도(藍島) : 아이노시마. 현재의 후쿠오카현(福岡縣) 가스야군(糟屋郡)에 속하며 아이노시마[相島]라 불린다. 통신사행 때 기항지 가운데 하나이다. 축전주(筑前州)에 속하였다.

85 축전주(筑前州) : 일본의 지쿠젠노쿠니(筑前國)를 가리킨다. 현재 후쿠오카 현의 북

곳에서 높이 올라가니 남쪽으로 축전주 지방이 바라 보였다. 산들이 큰 바다 위에 가로 누워 있었는데 사람들이 박다주(博多州)[86]라 하고, 축전주라고 하지 않는다. 패가대(覇家臺)가 그 해안에 있으니, 바로 신라 충신 박제상(朴堤上)[87]이 죽은 곳이다. 포은(圃隱)[88]이 사신을 왔을 때 역시 이곳에 왔었다고 한다. 관사는 모두 새로 지은 것이고 모든 이불과 병풍이 화려함을 다하였다. 분주히 접대하는데 엄숙하고 공경하지 않는 이가 없었다. 들으니 지공(支供) 때문에 온 자가 5백여 인인데 모두 축전주에서 보낸 자라 한다.

날이 저물자 하륙하였다. 진무를 베풀었는데, 음식에 모두 금박을 입혔고 떡 등이 지극히 사치스러웠다. 대마도를 떠날 때부터 평성춘

서부를 차지하고 있던, 율령제 하의 옛 지명. 에도시대 세키가하라 전투 이후 구로다 나가마사[黑田長政]가 받아서 관할하였다.

86 박다주(博多州) : 박다(博多)가 있는 고장이라는 뜻이다. 박다는 현재의 후쿠오카현(福岡縣) 후쿠오카시(福岡市)의 하카다(博多) 항 가리킨다. 조선에서는 하카타와 음이 비슷하고 총독이 있던 곳이라 하여 패가대(覇家臺)라고 불렀다. 임진왜란 때 잡혀간 규슈 지방 조선인 포로 쇄환 때 주요 거점이었다.

87 박제상(朴堤上) : 『삼국사기(三國史記)』에 따르면, 눌지왕으로부터 고구려와 왜국(倭國)에 볼모로 간 아우들을 데려오라는 명령을 받고 눌지왕 2년(418)에 고구려에 사신으로 가서 장수왕을 설득해 눌지왕의 아우 복호(卜好)를 데려왔다. 그리고 같은 해에 다시 왜국으로 가 신라를 배반하고 도망쳐왔다고 속인 다음 눌지왕의 아우 미사흔(未斯欣)을 빼돌려 신라로 도망치게 하였다. 왜왕이 그를 목도(木島)로 유배 보냈다가 곧 불에 태운 뒤 목 베었고, 이 소식을 전해들은 눌지왕은 제상에게 대아찬(大阿飡) 관품을 추증하고 제상의 둘째 딸을 미사흔의 아내로 삼게 했다고 한다.

88 포은(圃隱) : 정몽주(鄭夢周, 1337~1392)로, 초명은 몽란(夢蘭)·몽룡(夢龍), 자는 달가(達可), 호는 포은(圃隱). 성균대사성·예문관대제학 등을 역임하였다. 왜구가 자주 내침하여 피해가 심하므로 나흥유(羅興儒)를 일본에 보내 화친을 도모하였는데, 그가 투옥되었다가 겨우 살아 돌아오자, 이에 1377년 정몽주를 보빙사(報聘使)로 일본에 보내 해적을 금할 것을 교섭하게 하였다. 국교의 이해관계를 설명하여 일을 원만히 마치고, 고려인 포로 수백 명을 구해 돌아왔다.

등이 분주하게 움직이며 하인들처럼 지극히 공손하고 삼갔다. 등지승은 직접 가마의 줄을 잡았으니, 삼가지 않을까 걱정해서였다. 밤에 바람이 크게 불어 뱃사람들이 떠들썩했다.

26일 계유일. 맑음.

대풍 때문에 출발하지 못하고 남도에 체류하였다. 영광(靈光) 출신의 포로가 와서, '사신이 왔다는 말을 듣고 돌아가고 싶어 하는 자가 반, 남아 있고 싶어 하는 자가 반'이라고 하였다.

27일 갑술일. 맑음.

새벽에 배를 띄워, 돌아오지도 못하고 중간에 풍랑이 사납게 일어나 배에 탄 사람 가운데 고꾸라지고 엎어지지 않은 사람이 없었다. 이곳이 바로 왜인들이 말하는 험탄(險灘)이었는데, 어제 출발하지 못한 것 역시 이 험탄이 두려워서였다. 왜선이 급히 와서 견인해 가 간신히 산기슭을 지나니, 앞에 간 배들이 이미 아득하였다.

저녁에 적간관(赤間關)[89]에 도착하였으니, 바로 장문주(長門州)[90] 소속이었다. 인가가 매우 번성하였다. 태수는 강호(江戶)에 있으므로 접대하지 않았다. 아미타사(阿彌陀寺)[91]에서 진무를 베풀고, 밤이 깊자 술과

---

89 적간관(赤間關) : 현재 야마구치현(山口縣) 시모노세키시(下關市)이다. 아카마가세키(赤馬關, 또는 세키바칸) 혹은 약칭으로 바칸(馬關)이라고도 일컬었다. 12차 통신사행을 제외한 나머지 사행 때마다 조선사신이 주로 이곳 아미다지(阿彌陀寺)에서 묵었다.

90 장문주(長門州) : 현재 야마구치 현 서쪽에 있던 율령제 하의 옛 지명. 에도시대 모리(毛利) 씨의 하기 번(萩藩)과 2개의 지번(支藩)이 설치되어 있었다.

91 아미타사(阿彌陀寺) : 아미다지. 야마구치현(山口縣) 시모노세키시(下關市) 아미다정(阿弥陀町)에 있었던 절로, 안토쿠텐노(安德天皇)의 진혼(鎭魂)을 위해 1191년에 건립하

과실을 바쳤다.

적간관에서 십여 리 못 미쳐 남쪽 해안에 성이 있었는데, 바로 월중수(越中守) 충리(忠利)[92]의 거처이다. 인가가 매우 번성하여 십여 리에 가득했다. 성에는 5층 누각이 있고, 해자를 파 바닷물을 끌어들였으며, 위에 홍교(虹橋)를 설치하였다. 소창(小倉)[93]이라고 부르니, 곧 풍전주(豊前州)[94] 땅이다.

풍전주 태수가 밤에 사람을 보내 하정을 바쳤다. 쌀이 5십 석에 이르렀고, 다른 물건도 그에 걸맞게 보냈다. 술과 과실만을 받고 사양하여 돌려보냈다. 절 옆에 신사가 있는데 이름이 안덕천황신당(安德天皇神堂)이다. 왜인에게 들으니, 옛날 안덕천황(安德天皇)[95]이라는 자가 원뇌조(源賴朝)[96]에게 침략 받아 전쟁에서 패하여 여기까지 왔는데, 세력이

였으나, 명치(明治) 8년(1875)에 절을 폐지하고 신사(神社)인 아카마구(赤間宮)로 변경했다. 쇼와(昭和) 15년(1940)에 아카마진구(赤間神宮)로 개칭하였다. 12차례 통신사행 가운데 제12차를 제외한 나머지 사행 때마다 조선사신이 이곳에 묵었다.

92 월중수(越中守) 충리(忠利) : 호소카와 다다토시(細川忠利, 1586~1641)를 가리킨다. 고쿠라 번[小倉藩] 2대 번주로, 후에 이봉되어 구마모토 번[熊本藩]의 초대 번주가 되었다. 관위가 월중수(越中守)였다.

93 소창(小倉) : 고쿠라. 현재 후쿠오카 현의 동부에 있는 지명이다. 에도시대에는 세키가하라 전투의 공로로 호카와 다다오키(細川忠興)에게 주어져 본격적으로 축성이 시작되었으며, 도시가 번성하였다. 호소카와씨가 구마모토(熊本)로 이봉된 후, 오가사와라 다다자네(小笠原忠眞)가 관할하기 시작하였다.

94 풍전주(豊前州) : 현재 후쿠오카 현 동부와 오이타 현 북부에 있던 율령제 하의 옛 지명. 에도시대에 오가사와라(小笠原) 씨의 고쿠라번(小倉藩)과 오쿠타이라(奥平) 씨의 나카쓰 번(中津藩) 등으로 나뉘었다.

95 안덕천황(安德天皇) : 1178~1185. 헤이안 시대 후기의 제81대 천황. 다이라노 기요모리[平清盛]의 외손자로, 3세의 나이에 즉위하였다. 기요모리가 죽자 각지에서 다이라씨(平氏)를 토벌하는 움직임이 일어나, 천황의 신기를 가지고 서쪽으로 탈출하였다. 2년 후 단노우라(壇ノ浦) 전투에서 패하여 물에 빠져 죽었는데, 당시 8세였다. 묘소는 현재 시모노세키 현의 아미다지 능에 있다.

다 하자 그 조모가 업고 바다로 들어갔으며, 따라온 신하 7인과 궁녀 여러 명이 바다에 몸을 던져 죽었다고 한다. 나라 사람들이 슬퍼하여 사당을 세워 제사를 지낸다고 한다.

남도에서 적간관까지 3백2십 리이다. 이곳부터 일본의 육지가 시작된다. 대마도에서 적간관까지 연이어 세 개의 대해가 있고 파도 역시 매우 험한데, 전부터 건너기 어렵다고 하였다.

28일 을해일. 맑음.

새벽에 배에 올랐는데, 조수가 물러나고 물살이 급하였다. 문자성(文字城)[97]과 적간관이 마주한 곳은 매우 좁아서 물살이 빨라 병을 쏟아 붓는 듯하였다. 식부 등이 물살이 급하여 갈 수 없으니 기다리라고 청하였다. 오후에 조수가 들어와 출발하여, 몇 리 가서 멈추었다. 배를 탄 늙은 여인 몇 명이 빌 것을 부탁하였다. 스스로 인동(仁同) 사람이라고 하면서 (조선으로) 떠나고 싶다고 하였다. 돌아올 때 데리고 가기로 약속하였다.

오후에 의성이 '순풍이니 떠나자'고 청하였다. 배들이 일시에 돛을 올리고 문자성을 지났다. 해안에 송림으로 둘러싸인 사당이 있었다. 포구의 이름은 연수(硯水)였고, 뒤에는 백여 길 솟아오른 봉우리가 있었으

---

96 원뇌조(源賴朝) : 미야모토노 요리토모. 1147~1199. 가마쿠라 막부(鎌倉幕府)의 초대 장군이다. 단노우라 전투에서 다이라 씨를 전멸시키고 정권을 잡았다. 일본 무가 정권의 기초를 확립하였으며, 1192년 정이대장군(征夷大將軍)에 서임되었다.

97 문자성(文字城) : 현 후쿠오카 현 기타규슈 시 모지 구에 있던 산성인 모지성[門司城]을 가리킨다. 1600년 풍전주(豊前州) 소속이 되면서 수축되었으나, 1617년 폐성이 되었고, 1892년 시모노세키에 일본 해군이 요새를 만들면서 거의 파괴되어, 현재 일부 석단이 남아있다

며, 위에는 누대와 성벽이 있는 전쟁터가 있었다. 동쪽으로 육지가 보였다. 산들이 가로로 이어져 있었는데 겹겹이 흰 색이었다. 서쪽으로 살마주(薩摩州)[98] 등의 땅이 보였다. 산들이 일면을 둘러싸고 있었다.

향도(向島)[99]에 이르니, 살마 등의 산이 다하고 대해가 망망하게 펼쳐지기 시작했다. 일본지도에 서해도(西海道) 풍전주의 문자성이 장문주의 적간관과 바로 마주하고 있다. 풍전주의 지세는 이미 끊어지고 남쪽으로 이어져, 서쪽으로 가면 남해도 너머의 바다가 그려져 있고, 남해도와 주방주(周防州)[100]가 서로 마주하고 있다. 지금 풍전주를 보니 다시 남쪽으로 이어져 동쪽으로 가는 것이 없고 장문주와 마주하고 있어 하루 종일 가면서 보더라도 끝이 없으니, 지도의 오류를 알 만하다. 살마주는 즉 서해도에서 제일 먼 곳인데, 바다 가운데 멀리 있는 봉우리가 바로 그 산이라고 한다.

향도(向島)에 도착하니 밤 2경이었다. 밤이 이미 깊어 하늘이 칠흑같았고 서풍은 북풍으로 바뀌었다. 향도는 아직도 멀고 왜선과 상사의 배는 이미 앞서 도착해 버려, 뱃사람들이 근심하며 높은 소리로 노젓기를 재촉하였다. 불을 놓으며 앞으로 전진하여 종사선과 연락하니, 마중 나온 왜선이 셀 수 없었다. 향도는 장문주 지방이나 나와서 접대하는 참(站)이 아니었으므로 배 위에서 묵었다. 장문주 태수가 사람을 보

---

98 살마주(薩摩州) : 현 가고시마 현 서쪽에 있던 옛 지명으로, 율령제 하의 서해도(西海道)에 속해 있었다.

99 향도(向島) : 무코시마. 현 야마구치 현 호후시(防府市) 남부의 세토나이카이에 떠 있는 섬이다. 통신사의 정상적인 기항지는 아니었으나, 풍랑을 피해 들어가는 경우가 있었다.

100 주방주(周防州) : 현 야마구치 현 동쪽에 있던 옛 지명으로, 율령제 하의 산양도(山陽道)에 속해 있었다.

내 문안하였다. 소장로가 떡 두 상자를 바쳤다.

적간관에서 향도까지 2백 2십리다.

29일 병자일. 맑음.

닭이 울자 출발하였다. 해가 뜨자 바람이 약하고 파도가 잔잔하여 배가 매우 안온하게 갔다. 앞에서 이끄는 왜선이 무수하였는데, 좌우로 고운 빛깔의 장막을 치고 노를 젓는 자가 좌우로 수십 명이었다. 남도 이전에는 이끌고 가는 자가 작은 배를 탔으나, 남도 이후로 처음으로 큰 배를 쓰기 시작했다. 세 척의 배와 나란히 달리면서 앞서거니 뒤서거니 했다. 상관(上關)[101]에 도착할 때 해가 이미 높이 떴다. 물가에 맞이하는 자가 구름처럼 모여서 애써 하륙할 것을 청하였다. 정사 이하가 차례로 들어갔다고 한다.

이곳은 장문주 태수가 강호(江戶)로 오갈 때 쓰는 다옥(茶屋)[102]으로, 진무를 베풀었다. 음식들에 모두 금과 은을 뿌려 놓았고, 그릇은 사기를 사용하였는데, 우리나라 사기 접시와 같았으나 품질은 떨어지고 모두 금칠을 해놓았다. 연향이 끝나자 꽃 소반을 들여왔는데 바로 복사꽃이었고 나무 사이에 열매가 있었는데 크기가 계란만 하였으니 나무를

---

101 상관(上關) : 가미노세키. 현재의 야마구치현(山口縣) 구마게군(熊毛郡) 가미노세키정(上關町)이다. 에도시대 주방주(周防州)에 속하였다. 세토나이카이(瀨戶內海)의 최서단(最西端)에 위치하여 상관해협을 사이에 두고 무로츠코(室津港)와 마주보고 있다. 12차 통신사행을 제외한 나머지 사행 때마다 조선사신이 주로 이곳 다옥(茶屋)에 묵었다.

102 다옥(茶屋) : 상관어다옥(上關御茶屋, 가미노세키 오챠야)를 가리킨다. 지금은 그 터만 남아 있다. 해상교통의 발전에 따라 하기 번(萩藩)이 설치한 시설이다. 번주의 참근(參勤) 여행 및 국내 순행(巡行), 구주(九州, 규슈) 여러 대명(大名, 다이묘)의 참근 여행, 기타 막부 관리의 통행 시에 숙박을 제공했던 일종의 여관이다. 통신사행 때 삼사(三使) 이하, 상관(上官) 이상의 숙사로 사용되었다.

깎아 만든 것이었으며 잎은 비단을 잘라서 만든 것이었다. 남도 이전에는 나무를 깎아 만들었으나 이 섬에 이르니 비로소 비단을 잘라 사용하기 시작했는데 더욱 정묘하였다. 두 승려가 만나러 왔다. 도주가 작은 향합에 담은 향 가루를 바쳤는데, 크기가 거위알 만하였다. 이것은 침향(沈香) 등의 가루를 배합하여 만든 것인데 여러 관사에서 쓰기 바란다고 하였다.

향도(向島)에서 상관(上關)까지 1백 7십리이다.

11월

1일 정축일. 맑음.

새벽에 일어나 배에 오를 때쯤 하늘에 동이 트려고 하였다. 반을 미처 못 가서 바람이 그치고 조수가 빠져나가, 드디어 포구에 들어가 정박했다. 해가 질 무렵 바람이 일어나자 도주가 떠나기를 청하여, 배들이 돛을 펴고 노를 빨리 저었다. 밤 2경 진화(津和)[103]에 도착해 배에서 묵었다. 인서당이 등귤(橙橘)을 한 바구니 바쳤다. 검은 구름이 물에서 일어나더니 서풍이 크게 불었다. 뱃사람들이 돛대를 내리고 뜸을 치면서 곳곳에서 시끄럽게 떠들었다. 도주가 사람을 보내 말하였다.

"풍랑이 이와 같으니 절대로 배에서 묵을 수 없었습니다. 포구 가 인가를 청소하고나서 알려드리겠습니다."

---

103 진화(津和) : 쓰와. 현재의 에히메현(愛媛縣) 마쓰야마시(松山市) 쓰와지지마(津和地島)를 가리킨다.

얼마 뒤에 바람이 잠시 그쳐 다시 하륙하지는 않았으나, 밤새 배가 흔들거려서 견딜 수 없을 정도였다.

상관에서 진화까지 1백 2십리이다.

2일 무인일. 맑음.

새벽에 출발해 몇 리를 가니 사나운 바람이 매우 불었다. 바다 가운데 돌섬과 해안의 산기슭이 서로 대치해 있고, 눈 같이 흰 파도가 쳤는데 바라보니 가까이 갈 수 없었다. 놀라서 기운이 빠지지 않은 뱃사람이 없었다. 우리나라 사공은 어찌 할 줄 모르고, 하나같이 왜사공이 가리키는 곳을 따라 간신히 지나왔다. 바다를 건널 때 일대의 위기였다. 밤 오시 말 어떤 포구에 들어갔는데 바로 겸예(鎌刈)[104]이니, 안예주(安藝州)[105] 지방이다. 애써 하륙하기를 청하여 진무를 베풀었다.

물가에 새로 판옥(板屋) 5, 6십 칸을 지었는데, 일행 원역의 진무를 베풀기 위해서였다. 전부 금병풍을 펼쳐놓았다. 사신의 관소는 태수의 다옥으로, 뒤에 욕실이 있고 옷걸이를 설치하였다. 연향을 베풀 때 그릇과 음식 가운데 금색이 아닌 것이 없었고, 한 길 높이로 쌓은 음식은 모두 금칠 한 목반(木盤)을 사용하였다. 이것은 상관 이전에는 보지 못한 것이었다. 밤이 되자 안팎의 집 기둥에 등불을 걸었다. 바라보니 마치 별이 늘어선 것 같았다. 대낮처럼 밝았고 새벽이 되도록 꺼지지 않았다.

---

104 겸예(鎌刈) : 가마가리. 현재의 히로시마현(廣島縣) 구레시(吳市) 시모가마가리쵸시모지마(下蒲刈町下島)이다.

105 안예주(安藝州) : 현재의 히로시마 현(廣島縣) 서반부 지역에 있던 옛 지명. 율령제(律令制) 하에서는 산양도(山陽道)에 속하였다.

물가에 또 병선 십여 척이 있었는데, 위에는 병장기가 설치되어 있었고, 각 배에는 거느리는 장수가 있었다. 배의 제도를 살펴보니 경쾌하고 정묘하였다. 좌우로 각기 25개의 노를 설치하였다. 우리나라 배와 비교하면 매우 못하였다.

지금 왜구(倭寇)를 논하는 자는 육지에서의 전투가 급하다는 것만 알고 바다에서 역습할 것은 생각하지 않으나, 하륙하면 제어하기 어렵다. 좌수사(左水使)가 매년 3월 1일 부산에 들어가 방어하면서 바람이 순조롭다고 하고, 8월 1일 이후에는 바람이 높다고 하여 방어하기를 그만둔다. 수영(水營),[106] 부산, 칠포(七浦) 만호(萬戶)[107]가 거느린 배와 수영의 병선이 통틀어 18척이다. 통영(統營)의 방어선은 4척, 혹은 2척이다. 비록 주유(周瑜)[108]를 장수로 삼고 이순신(李舜臣)이 다시 일어난다 할지라도 18척으로 어찌 바다를 가득 덮고 오는 백만 명의 적을 당하겠는가? 통영에서 부산까지 거리가 3일 걸린다. 적이 만약 순풍을 타고 돛을

---

106 수영(水營) : 조선시대 수군절도사(水軍節度使)가 주재하던 병영(兵營). 1393년 3월 왜구를 격퇴하기 위한 해양방위체제가 성립된 뒤, 1457년에 전국을 방위 체제화하는 진관체제(鎭管體制)가 실시됨으로써 각 도의 수군지휘관의 명칭이 수군절도사로 통일되었다. 강원도·황해도·평안도·영안도(永安道)에는 각 전임수사 1명과 겸임수사 1명이 배치되고 경상도와 전라도에는 각 2명의 전임수사가 배치되었는데, 이들 전임수사가 집무하던 곳을 수영(水營)이라고 하였다.

107 만호(萬戶) : 좌수영에는 무관 정3품의 경상좌도 수군절도사가 주재하고, 그 관하에 1개의 검사영(거진) 즉 부산포진과 다대포(동래)·해운포(동래)·서평포(동래)·두모포(울산)·개운포(울산)·서생포(울산)·염포(울산)·포이포(영해)·감포(경주)·마포(영포)·축산포(영해)·칠포(흥해) 등 10개의 만호영이 있었다.

108 주유(周瑜) : 175~210. 중국 삼국시대(三國時代) 오(吳)나라의 명신(名臣)으로, 208년 9월, 위(魏)나라의 조조(曹操)가 화북(華北)을 평정하고 형주(荊州)로 진격해 오자, 손권을 설득하여 군사 3만을 주면 조조를 격파하겠다고 장담하였다. 마침내 오나라 대도독(大都督)으로 군사를 이끌고 참전하여 적벽대전(赤壁大戰)에서 화공(火攻)으로 위군(魏軍)을 대파하였다.

펴고 나오면 이는 우리나라 배의 맞바람에 해당한다. 영가대(永嘉臺)[109]에 보관한 배가 비록 일시의 계책에서 나온 것이나 만관(蠻館)[110]이 매우 가까워서 적이 만약 먼저 사람을 보내 불을 놓으면 횃불 하나로 다 태워버릴 수 있다. 항구에 요새를 설치하는 것은 논할 필요도 없고, 배를 보관하고자 한다면 물길을 뚫는 것은 어렵지 않다.

감만이(勘蠻夷)[111]에 새로 수영(水營)을 설치하는 것은 더욱 만족스럽지 않다. 만관과 마주하고 있어 내 소견에는 걱정스러우니, 다시 산세(山勢)에 기대지 않기 때문이다. 경자년(1420) 왜를 정벌할 때[112] 당선(唐

---

109 영가대(永嘉臺) : 광해군 6년(1614년)에 당시 경상도관찰사 권반(權盼)이 부산진성 서문 밖의 호안이 얕고 좁아 새로 선착장을 만들고자 하여, 이때 바다에서 퍼 올린 흙이 쌓여 작은 언덕이 생겼으므로 이곳에 나무를 심고 정자를 만들었다. 이 정자가 바로 영가대이다. 1624년 일본 사절의 접대를 위해 조정에서 선위사로 파견된 이민구(李敏求)가 성 밖에 축조된 대를 보고 감탄하여 이를 쌓은 권반의 관향인 안동(安東)을 따라 '영가대'라 호칭한 데서 그 이름이 유래한다.

110 만관(蠻館) : 왜관(倭館)을 가리킨다. 일본사절과 상인들이 조선에 와서 외교활동과 무역을 하던 객관(客館) 겸 상관(商館)이다. 조선전기에는 제포(薺浦, 웅천), 부산포(釜山浦, 부산), 염포(鹽浦, 울산) 세 곳에 왜관이 있었으나, 임진왜란 이후 절영도임시왜관(絶影島臨時倭館)을 거쳐 1607년(선조 40)에 두모포왜관(豆毛浦倭館)을 개관하였다. 두모포왜관은 부지가 좁고, 수심이 얕을 뿐만 아니라, 남풍을 직접 받아 대형 무역선과 각종 배들이 정박하기에 부적합하였고, 부산진성 등 조선의 군사시설과 가까워 국가기밀이 누출될 위험도 따랐다. 따라서 이관(移館) 논의가 자주 대두되다가, 마침내 1678년 초량왜관으로 이전하게 되었다.

111 감만이(戡蠻夷) : 부산광역시 남구의 동남부 부산만에 연해 있는 감만(戡蠻) 1동과 2동에 있던 포구 이름이다. 감만이(戡蠻夷)는 '오랑캐를 이기다'는 뜻으로 임진왜란 때 조선의 수군이 부산포해전에서 왜적들을 이곳에서 물리쳤다는 의미에서 비롯되었다고 전한다.

112 왜를 정벌할 때 : 1419년(세종 1)에 시작된 이종무(李從茂)의 대마도 정벌을 말한다. 대마도 내의 실권을 왜구 두목인 샤미타라(三味多羅)가 장악하고 있었는데, 기근이 들어 생활이 궁핍해지자 1419년 5월 5일 왜선 39척이 명나라에 가던 도중 비인현(庇仁縣) 도두음곶(都豆音串)을 침탈하였다. 이 싸움에서 병선 7척을 잃었고, 도두음곶 만호 김성

船)이 감만이에 정박하였는데, 바람을 만나 망가진 것을 셀 수 없다. 지금 배를 보관하기에 매우 적합하다고 하는 것은 무슨 까닭인지 모르겠다.

칠포의 만호가 전에는 첩첩이 부산에 들어가 있었는데 지금은 네 개의 포를 옮겨 수영으로 들어가게 하니, 부산이 날로 형편이 없어진다. 격군은 반드시 8십 명을 써야 하고 사부(射夫), 창수(槍手), 포수(砲手)는 마땅히 7, 8십 명 이하가 되지 않아야 적을 방어할 수 있다. 지금 들으니, 한 척의 배에 딸린 사부가 17명, 포수가 2명이다. 국가가 수사(水使), 첨사(僉使), 만호(萬戶)를 설치하고 수군과 병선을 두는 것은 앞으로의 완급(緩急)을 위해서이다. 형세가 어려우면 군졸이 영락하고 병장비가 갖추어지지 않으니, 이처럼 심하면 국가에 남쪽으로 우환이 없을 때는 그만이지만, 만약 혹시라도 경계할 일이 있다면 어떻게 편히 쉬겠는가?

논의하는 자는 통영의 배를 마땅히 모두 부산에 들여보내 방어해야 한다고 하니, 이 계책은 그럴 듯하다. 칠포에 진을 설치한 본래 뜻은 대장이 전라와 경상 두 도 사이에 거처하여 하삼도(下三道)[113]의 수군을

길(金成吉)과 그의 아들, 아군의 태반이 전사하는 등 피해가 컸다. 같은 달 12일 왜선 7척이 해주를 침입 약탈했고, 13일 황해도조전절제사 이사검(李思儉) 등이 병선 5척으로 왜구를 토벌하러 갔다가 해주 연평곶(延平串)에서 적선 38척에 포위되어 식량을 요구받는 등 대규모의 왜구가 연안을 침입하였다. 이에 태종은 14일 대신회의를 열고 대마도 정벌을 결정하였다. 이종무를 3군도체찰사로 임명해 9절제사를 거느리고 정벌길에 오르게 하였다. 그 결과 적병 114명을 참수, 21명을 포로로 했으며, 1,939호의 가옥을 불태웠다. 또한, 129척의 선박을 노획해 쓸만한 것 20척만 남기고 나머지는 모두 태워버렸으며, 131명의 중국인을 찾아내는 등의 전과를 올렸다. 동정 후 즉시 왜구가 근절된 것은 아니지만, 이를 계기로 쓰시마를 비롯한 서부 일본 각지의 도둑들이 차차 평화적 내왕자로 변하게 되었다.

아울러 통솔하라는 것이다. 적이 만약 전라도와 충청도를 침범하면, 통제사는 경상도 동쪽을 단속하여 수군을 참전시킨다. 적이 경상도 서쪽을 침범하면 전라도 서쪽을 단속하여 수군을 참전시킨다. 지금 만약 모두 부산으로 옮기고 적이 다른 도(道)로 나온다면 어찌 구제하겠는가? 다만 들으니 가덕(加德)과 다대포(多大浦)에서 부산까지 하루거리, 통영까지 이틀거리라고 한다. 적이 동래(東萊)로 나오고자 하면 반드시 몰운대(沒雲臺)와 초량항(草梁項)을 거칠 것이고, 만약 진주(晉州), 순천(順天), 흥양(興陽) 등의 땅으로 나오고자 한다면 반드시 가덕 앞바다를 거쳐야 하니, 적선이 반드시 거치는 곳이 된다. 통영의 중군에게 병선을 거느리고 가덕에 들어가 방어하게 하면 부산이 위급할 때 하루 만에 진격할 수 있고, 진주 동쪽을 침범하면 적을 바다에서 칠 수 있다. 통제사와 전라좌수사가 마땅히 합동 작전을 펴고, 병마사(兵馬使)와 수사(水使)가 서로 상응하여 수사는 바다에서 싸우고 병마사는 해안에서 싸워 하륙을 하지 못하게 하면, 거의 잘 될 것이다.

저녁 때 도주가 세 사신을 뵈러 왔는데 예모가 더욱 공손하였다. 몰래 이직을 불러 귀에 대고 말하였다.

"바깥에 혹시라도 이곳을 엿듣는 자가 있느냐?"

이직과 식부가 살피러 나갔다가 들어와서 말하였다.

"바람이 매우 차가우니 이 문을 닫으면 좋겠습니다."

즉시 앞에 있는 두 문을 닫았다. 도주가 말하였다.

"전에 두 승려를 뵈러 오게 하고 오늘 혼자 온 것은 조용히 배알하고 싶어서입니다."

---

113 하삼도(下三道) : 아래 지방에 있는 충청도, 전라도, 경상도를 아울러 이르는 말이다.

이어서 작은 종이를 품에서 꺼내 보여주며 말하였다.

"대군께서 일로에 접대에 힘을 다하게 하시고, 비선이 연이어 정보를 수집하고 있습니다. 강호(江戶)의 사자가 어제 또 나왔다가 비로소 돌아가는데, 이것이 바로 집정(執政)에게 보고하는 것입니다. 사신들이 엄숙하고 정제되어 있으며 연로에서 진심으로 지공(支供)한다는 등의 일이 다 쓰여 있습니다."

그리고 말하였다.

"두 승려가 동행하니 혐의하여 피할 것이 많습니다. 이것이 자주 뵈러 오지 못하는 까닭입니다. 혹시라도 전달하고 싶은 일이 있으면 정박하는 곳마다 홍동지(洪同知 : 홍희남)나 강판사(康判事 : 강우성)에게 서로 방문한다고 핑계 대고 만나러 오게 하면 몰래 아뢰고자 합니다. 각 참(站)의 지공이 치성을 지극히 하고 있습니다. 제가 통신사를 배행하여 들어가는 것이 지금 세 번째입니다만, 이번처럼 성대한 경우가 없었습니다. 청컨대, 하륙하는 것을 수고롭게 여기지 마시고 가는 곳마다 연향을 받으시기를 제발 부탁드리겠습니다."

세 사신께서 쇄환에 관한 일을 말씀하고 또 말씀하셨다.

"가는 곳마다 포로로 잡혀온 자가 비록 만나러 오더라도 대마도 사람들에게 쫓겨나니 지극히 부당합니다."

도주가 말하였다.

"이 일에 감히 힘을 다하지 않겠습니까? 그러나 일본인은 의심이 많고 참언을 믿습니다. 쫓아내는 자는 아마도 이곳 사람에게 엿보여 도리어 따로 뜻밖의 사단이 생길까 걱정해서일 뿐입니다. 그러나 이후로는 역시 쫓아내지 못하도록 하겠습니다. 다만 포로로 잡혀온 사람을 보면 돌아올 때 만나러 오라고 약속하고 데리고 떠나겠다고 약속해서는 안

됩니다. 이것은 모두 청하는 자들을 잃게 되는 것입니다. 만약 스스로 자랑스럽게 말하여 도로에 전파되면 중간에 말을 만들어내 혹시 대처하기 어려울까 걱정스럽습니다."

또 말하였다.

"두 승려가 사신의 장편시를 얻어 매우 다행으로 여깁니다. 초서에 모르는 글자가 많으니, 해서로 1본을 써주시기 바랍니다."

그리고 청하였다.

"제가 만약 시 한 수를 얻어 강호의 여러 장수들에게 자랑할 수 있다면 영광이 백 배가 될 것입니다. 유념해 주시기 바랍니다."

부사와 종사관이 나란히 감사하여 말하였다.

"보잘 것 없는 기예라 귀하게 여기기에 부족하나 거듭 성의를 어기게 되니, 마땅히 말씀하신 대로 하겠습니다."

이직이 홍희남, 강우성에게 청하였다.

"도주의 상하와 이곳의 대소인 가운데 귀국의 고취(鼓吹)를 듣고서 귀 기울여 듣지 않는 이가 없습니다. 우리를 위해 한 번 연주해 주시기 바랍니다."

그 말을 따라 크게 연주하도록 시켰다. 역관을 통해 들으니 이곳의 경비가 모두 3천 냥이라 하였다. 일본인들이

"통신사가 매년 오면 일본은 저절로 재물이 탕진하게 될 것이다. 통신사가 지나가는 전후에는 1, 2년 내 반드시 크게 곤궁해진다."

라고 말했다고 한다.

별하정으로 대나무 조롱에 살아있는 꿩 1백 마리를 담아서 바쳐, 각 배에서 와서 받았다. 다른 물건들도 여기에 걸맞았다. 대추는 크기가 작은 주발만 했고 밤은 거위 알만하였다. 술 맛이 매우 좋았다. 일본의

좋은 술은 모두 이 고장에서 난 것이라 한다.

3일 기묘일. 맑음.

새벽에 출발하였다. 바람이 순해 돛을 펴니 뱃길이 매우 평온하였다. 종일 두 산 사이를 지났다. 산이 다하자 해구로 나서려 하였는데, 석벽이 물결 가운데 꽂혀 있었다. 앞에는 우뚝한 바위가 있었는데 수백 자는 될 것 같았다. 그 위에 절이 서 있었는데 바라보니 우산을 편 것 같아 5, 6인을 용납할 만하였다. 벼랑을 따라 무지개 다리를 만들어 통행하였다. 이름을 "명고사(鳴鼓寺)"라 하였다. 살고 있는 승려가 지나가는 배를 보면 반드시 종을 울리고, 뱃사람은 땔감이나 쌀값을 던지는데 이것으로 승려들의 생계로 삼는다고 하였다. 수십 리를 가서 비로소 도포(韜浦)[114]에 도착하였다.

(도포는) 여염이 지극히 번성하였다. 겸예에서 도포까지 동남쪽을 바라보면 뭇 산들이 하늘에 닿아 있었는데, 비록 큰 바다가 있었으나 역시 매우 멀지는 않다고 하였다. 이곳이 사주(四州)[115] 지방이다. 왜국(倭國)이 "사람 인[人]" 자 모양을 하고 있다고 들었는데, 지도를 보니 괴이하게 똑바로 길었다. 오는 길에 본 것으로 논해 보면, 서해도가 겨우 끝나면 또 이예주(伊豫州)[116] 등이 있고, 사주와 장문주, 주방주 등의 육

---

114 도포(韜浦) : 도모노우라(鞆浦, 鞆の浦). 현재의 히로시마현(廣島縣) 후쿠야마시(福山市) 도모정(鞆町)이다. 비후주(備後州)에 속한다. 통신사의 기항지 가운데 하나이다.

115 사주(四州) : 시코쿠(四國) 지방을 가리킨다. 일본 열도를 구성하는 섬 가운데 하나이다. 고대 율령제 하의 아파국(阿波國), 찬기국(讚岐國), 이예국(伊豫國), 토좌국(土佐國)의 네 고을로 이루어져 있기 때문에 생겨난 명칭이다. 세토나이카이를 끼고 근기지방(近畿地方), 산양지방(山陽地方), 구주(九州)의 세 지방에 둘러싸여 있다.

116 이예주(伊豫州) : 이요노쿠니(伊豫國). 현 시코쿠 에메이현(愛媛縣)에 있던 옛 율령

지가 서로 마주하고 있어, 마치 사람의 좌우 넓적다리가 있는 것 같다. 사람 인(人) 자 모양으로 생겼다는 설은 분명 이 같은 땅을 가리키는 것이니, 지도의 오류를 알게 되었다.

도포는 안예주(安藝州) 지방이다. 관소는 관음사(觀音寺)인데, 관음사는 여염 가운데 가장 높은 정사에 있었다. 올라가 본 아름다운 경치가 바다 밖에 나와 처음 보는 것이었다. 태수[117]는 주방수(周防守)라 하는데, 관백의 친족이고 나이가 7십여 세이다. 직접 접대하러 왔고 겸하여 관광을 하려 한다고 하였다. 세 사신이 강우성을 보내 문안하니, 땅에 엎드려 절하며 머리를 숙이고 감사하였다.

겸예에서 도포까지 2백 리이다.

4일 경진일. 맑음.

새벽에 선소(船所)에 도착하니 조수가 밀려나 큰 배가 나아갈 수 없었다. 마땅히 작은 배를 써야 하나 왜인이 미처 정제하지 않았으므로, 상사가 매우 노해 강우성에게 곤장을 치려하다 풀어주었다. 아래 나루를 지나는데 여염이 조금 번성하였고, 산성 터가 있다고 하였다. 이 해구는 요충지로서, 수길(秀吉)[118]이 요새와 파수꾼을 두었다. 가강(家康)[119]

제 하의 지명. 남해도(南海道)에 속한다.

117 태수 : 당시 태수는 아사노 미쓰아키라(淺野光晟, 1617~1693)다. 히로시마번(廣島藩)의 2대 번주로, 어머니가 도쿠가와 이에야스의 딸인 후리히메(振姫)이다. 70여 세라고 한 것은 와전된 것으로 보인다.

118 수길(秀吉) : 풍신수길(豊臣秀吉, 도요토미 히데요시, 1536~1598)을 가리킨다. 16세기 오다 노부나가(織田信長)가 시작한 일본통일의 대업을 완수했고, 해외침략의 야심을 품고 조선을 침략하였다. 명나라로 가는 길을 내달라는 구실로 1592년 임진왜란을 일으켰으며, 1597년 재차 조선을 침략하여 정유재란을 일으켰으나 뜻을 이루지는 못하

이 관백이 되자, 모든 고을에 설치한 진(鎭)을 서너 곳 가운데 하나만 남겨두고 모두 철폐시켰다. 여기가 바로 그 가운데 하나이다.

사주(四州) 지방이 이곳에 이르니 더욱 가까웠다. 찬기주(讚岐州)[120]의 누각과 성가퀴가 우뚝하게 풀숲 사이로 솟아 있었다. 배가 두 산 사이를 지났으나 역시 매우 빠르지는 않았다. 우창(牛窓)[121]에 도착하니 밤이 이미 깊었다.

였다. 1598년 전쟁과 후계자 문제 등 혼란 속에서 병사할 때까지 최고위직인 다이코(太閤, 1585~1598)를 지냈다. 노[能] 연기를 잘 했고, 선사(禪師)인 센 리큐(千利休)에게서 다도(茶道)를 배워 종종 다도회를 베풀었다. 히데요시의 전국통일 정책은 도쿠가와 이에야스(德川家康)에게 그대로 계승되어 도쿠가와 막부시대의 기초가 되었다.

119 가강(家康) : 덕천가강(德川家康, 도쿠가와 이에야스, 1543~1616)을 가리킨다. 에도 막부의 첫 번째 장군이다. 패권을 잡은 도요토미 히데요시가 조선 정벌에 매진하는 동안 일본 동쪽을 경영하여 힘을 축적하였다. 1592년 5대로 가운데 한 사람으로, 막강한 영향력을 행사하기 시작하였다. 도쿠가와 히데요시가 죽은 후 사실상의 권력을 장악한 후, 세키가하라 전투를 통해 히데요시의 잔당을 쓸어버리고 두 번의 오사카 전투를 통해 완전히 패권을 잡게 되었다. 도요토미 씨를 멸망시킨 후 1615년 7월 7일 '무가제법도(武家諸法度)'를 제정하여 다이묘들이 세력 확대하거나 연합하는 일을 제한하고 군사적 행동을 원천적으로 봉쇄하였다. '금중병공가제법도(禁中並公家諸法度)'를 발표하여 천황과 공가 세력의 일상생활까지 규제하고 그나마 유지하였던 의례적인 권위도 제한하였다. '제종본산본사제법도(諸宗本山本寺諸法度)'를 통해 사원을 효율적으로 통제하고 사원은 종교적인 행사만을 수행할 수 있도록 감시하였다. 한편 도요토미 히데요시의 조선 침략으로 단절되었던 조선과의 관계를 개선하기 위해 1607년에 먼저 조선에 국서(國書)를 보내는 등 해외 교류에 적극적이었다.

120 찬기주(讚岐州) : 사누키노쿠니(讚岐國). 현 시코쿠 가가와현(香川縣)에 있던 옛 율령제 하의 지명이다. 남해도에 속하였다.

121 우창(牛窓) : 우시마도. 현재의 오카야마현(岡山縣) 세토우치시(瀨戶內市) 우시마도쵸우시마도(牛窓町牛窓)이다. 비전주(備前州)에 속하고, 우저(牛渚)·우주(牛洲)·우전(牛轉)이라고도 한다. 에도시대에는 오카야마번의 중요한 항구로서 평가되어 선창이나 오차야(御茶屋) 등의 시설이 정비되었다. 제1차와 제2차 통신사행 때는 식료나 물의 보급을 위한 기항이었고, 제3차 관영(寬永) 원년(1624)부터 통신사의 기항지로 지정되었다.

상사는 병이 나고, 부사와 종사관 역시 하륙하지 않았다. 이곳은 바로 비전주(備前州)[122] 지방인데, 태수 신대랑(新大郎)[123]이 다스리는 곳이다. 태수는 관백의 가까운 친족이다. 관백이 북륙(北陸), 해서(海西), 사주(四州), 장문주(長門州), 비전주(備前州) 등의 땅이 너무 멀어서 변란이 있을까 염려하여, 모두 친족으로 포진시키고 겸하여 여러 섬들의 동정을 살피게 하는데, 이 때문에 권세가 있었다. 여기에 오니 태수가 직접 나와서 모든 지공의 일을 다른 곳보다 낫게 하려고 힘을 썼다. 먼저 일기도와 남도, 겸예 등에 사람을 보내 탐문하였다고 한다.

여기에 이르러 일행이 하륙하려 하지 않으니, 대마도 인이 어찌 할 줄 몰랐다. 이직과 식부가 두세 번 애걸하러 왔다. 청할 수 없게 되자 의성의 좌우 가운데 실색하여 애걸하지 않는 이가 없었다. 이직과 식부 두 왜인이 곧바로 종사관의 배에 들어가 머리를 숙이고 근심을 아뢰니 그 사정 역시 급하였다. 의성이 매우 두려워하는 것은 태수가 힘을 다해 준비를 하였고 직접 접대하러 왔다가 낙담하는 것은 논할 것도 아니요, 관백이 상황을 탐문하여 비선이 날마다 보고하러 달려가는데 "우창(牛窓)에 도착해 하륙하지 않았으니, 대마도 인이 배행할 때 삼가지 않아 사신이 일부러 하륙하지 않도록 만든 것이 아닌가?"라고 말하는

---

122 비전주(備前州) : 현재의 강산현(岡山縣, 오카야마겐) 동남부 지역. 비전국(備前國, 비젠노쿠니)이라고도 하고, 비중국(備中國, 빗츄노쿠니)·비후국(備後國, 빈고노쿠니)과 합해서 비주(備州, 비슈)라고도 한다.

123 태수 신대랑(新大郎) : 이케다 미쓰마다(池田光政, 1609~1682)로, 오카야마 번의 초대 번주이다. 신대랑(新大郎)은 통칭인 신타로(新太郎)를 표기한 것이다. 어머니는 도쿠가와 가신 중 핵심에 해당하는 덕천사천왕(德川四天王) 가운데 한 명인 사카기바라 야스마사(榊原康政)의 딸이자, 2대 막부 장군 도쿠가와 히데타다(德川秀忠)의 양녀 쓰루히메(鶴姬)이다. 아내는 도쿠가와 히데타다의 외손녀 가쓰히메(勝姬)이다.

경우였다.

그들이 하륙하기를 청하는 설이 비록 믿기에 부족할 지라도, 이미 하륙한 후 마치 살 길을 얻은 듯 분주하게 다니며 서로 경축하고 본주의 지공하는 사람 가운데 절하며 축하지 않는 이가 없는 것을 살펴보니, 역시 일의 형편이 혹 이와 같을 수 있겠다는 것을 알겠다.

종사관이 '하륙하지 않을 수 없다' 하니, 부사와 종사관이 마침내 하륙하여, 본련사(本蓮寺)[124]에 자리를 잡았다. 선소(船所)에서 절까지 좌우에 인가가 거의 수백 호였다. 남녀가 양옆에서 구경하고 있는데, 좌우로 모두 휘장을 설치하였고 도로에 모두 자리를 깔아놓았으며 다섯 걸음에 등(燈)을 하나씩 걸어 놓았다. 절이 매우 크고 아름다웠다. 음식을 내올 때, 미남자 수십 명의 무리가 모두 옷을 성장하고 칼을 차고 분주히 다니면서 엄숙하고 경건하였다. 나아가고 물러나고 걸음을 옮길 때 감히 숨도 쉬지 않았고 무릎을 꿇은 채로 엎드려 다녔다. 음식과 기명이 모두 금색이었고 당 가득 모두 금병풍이어서, 촛불 그림자 아래 찬연하게 하나의 금세계가 펼쳐져 있었다. 모든 일이 겸예에 비해 더욱 사치스러웠고, 도포에 다시 비할 바가 아니었다. 상사께서는 배에서 유숙하였으니, 학질을 앓기 때문이었다.

도포에서 우창까지 2백 리이다.

---

124 본련사(本蓮寺) : 혼렌지. 현 오카야마현(岡山縣) 세토우치시(瀨戶內市) 우시마도정(牛窓町)에 있는 불교사원. 산호(山號)는 교오잔(經王山), 종파는 법화종본문류(法華宗本門流). 남북조시대인 쇼헤이(正平) 2년(1347) 교토(京都) 묘켄지(妙顯寺) 주지였던 대각대승정(大覺大僧正)이 법화당(法華堂, 本堂)을 건립한 것이 그 시초이다. 1624년 제3차 통신사행부터 1719년 제9차 통신사행 때까지 조선사신이 이곳에 체류하며 오카야마번(岡山藩)의 향응을 받았다.

5일 신사일. 맑음.

해가 뜨자 배를 타고 수십 리를 갔다. 사주의 산은 이미 다하고 남쪽으로 하늘에 접한 큰 바다가 보였다. 신시 초 실진(室津)[125]에 도착하였는데, 파마주(播磨州)[126] 지방이라 하였고, 태수[127]는 갑비수(甲斐守)가 관명이다. 새로 강호(江戶)에서 나와 병 때문에 맞이하러 나올 수 없다고 하여, 사람을 보내 사죄하였다. 날이 저물자 상사 이하 모두 하륙하였다. 연향의 성대함이 겸예보다 못하지 않았다.

우창에서 실진까지 1백리이다.

6일 임오일. 아침에 흐림. 실진에 체류함.

도주가 사람을 보내 말하기를

"여기에서 병고(兵庫)[128]까지 거리가 멀지 않습니다만, 남해의 큰 바다가 그 사이에 있어 대판(大坂)[129]의 강물과 합류하기 때문에 반드시

---

125 실진(室津) : 무로쓰. 현재의 효고현(兵庫縣) 다츠노시(たつの市) 미쓰초무로쓰(御津町室津)이다. 파마주(播磨州)에 속한다. 마지막 통신사행을 제외하고 나머지 사행 때마다 조선사신이 이곳에 묵었다.

126 파마주(播磨州) : 하리마노쿠니(播磨國). 현재의 효고현(兵庫縣, 효고겐) 서남부 지역에 있던 율령제 하의 옛 지명. 산양도(山陽道)에 속한다.

127 태수 : 혼다 마사토모(本多政朝, 1599~1638)를 가리킨다. 히메지 번(姬路藩)의 2대 번주이다. 할아버지 혼다 마사카쓰(本多忠勝)는 도쿠가와 이에야스의 가신 중 도쿠가와 사천왕(四天王)의 한 사람으로 꼽힌다. 어머니는 도쿠가와 이에야스의 손녀 구마히메(熊姬)이다. 형이 병사하여 대신 번주에 올랐다. 관위는 갑비수(甲斐守)였다.

128 병고(兵庫) : 효고. 현재의 효고현(兵庫縣) 고베시(神戶市) 효고쿠(兵庫區) 효고정(兵庫町)에 있던 항구도시이다. 섭진주(攝津州)에 속한다. 마지막 통신사행을 제외하고 나머지 사행 때마다 조선사신이 이곳에 묵었다.

129 대판(大坂) : 오사카. 에도시대 셋쓰국(攝津國)에 속하고, 현재의 오사카부(大阪府) 오사카시(大阪市)이다. 대판(大坂). 대판(大坂)으로 알려져 있으나, 대판(大板)·대판(大

바람과 조수 둘 다 순조로워야 배를 출발할 수가 있습니다. 오늘은 바람이 지나치게 사나우니 출발할 수 없습니다."
라고 하였다.

7일 계미일. 맑음.

해가 뜨자 배를 출발하여, 돛을 펴고 바다에 나서 십여 리를 갔다. 멀리 바라보니 인가가 가득했고 성가퀴가 우뚝하게 반공에 솟아있었

阪)·서도(西都)·난파(難波)·낭화(浪華)·낭화(浪花)·낭속(浪速) 등의 표기가 있고, 낭화와 관련하여 낭화강(浪華江)·낭화진(浪華津)·난파교(難波橋) 등이 있다. 조선 후기 통신사행 가운데 1811년 사행을 제외한 나머지 사행 때마다 통신사 일행은 이곳 오사카에서 며칠씩 머물렀다. 1748년 사행 때에는 4월 21일부터 30일까지 9일 동안 이곳 니시혼간지(西本願寺)에서 묵었는데, 22일에 향응(饗應)이 있었다. 조선으로 돌아오는 6월 29일부터 7월 3일까지 다시 이곳 니시혼간지에서 묵었으며, 7월 1일에 망궐례(望闕禮)도 지냈다. 4일에는 쓰시마번저 초연(對馬藩邸招宴)에 참석한 후 승선하였는데, 바람 때문에 6일까지 3일 동안 오사카 가와구치(大坂川口) 선상에서 묵었다. 1763년 사행 때에도 익년 1월 21일부터 25일까지 니시혼간지에서 묵었고, 조선으로 돌아올 때에는 최천종(崔天宗) 피살사건이 발생하여 4월 5일부터 5월 5일까지 한 달 동안 이곳에 머물렀다. 1607년과 1617년 통신사행 때에는 가타기리 사다타카(片桐貞隆)가, 1636년과 1643년 사행 때에는 구가이 마사토시(久貝正俊)가, 1655년 사행 때에는 마쓰다이라 야스노부(松平康信)가, 1763년 사행 때에는 오카베 나가스미(岡部長住)가 관반(館伴)이 되어 오사카에서의 조선사신 접대 임무를 맡았다. 1655년 9월 6일 사신 일행이 오사카에 머물고 있을 때, 조선사신을 접대하기 위해 에도에서 파견한 마쓰다이라 야스노부가 마쓰다이라 시게쓰나(松平重綱) 및 단바노카미(丹波守) 소가 히사스케(曾我古祐)와 함께 사신들에게 생선·술·배·감 등을 지공하였다. 오사카에서 조선문사들과 교유한 수많은 일본문사 가운데 몇 사람을 보면, 가라카네 바이쇼(唐金梅所)·미즈타리 슈켄(水足習軒)·도리야마 시켄(鳥山芝軒)·오쿠다 모토쓰구(奧田元繼)·기무라 겐카도(木村蒹葭堂) 등이 있다. 이덕무의 『청장관전서』「청령국지」 여지(輿地)에 "대판성(大坂城) 섭진(攝津)의 강(江)에 있으므로 낭화진(浪華津)·난파(難波)라 하고 나파(那波)라고도 한다. 전국의 한가운데에 있으며 큰 강에 걸터앉았고 내해(內海)를 굽어보고 있다. 사방의 길이 이곳으로 모이므로 수륙(水陸)의 산물이 모여들어, 백화(百貨)와 백공(百工)이 모두 갖추어져 있다."라고 하였다.

다. 파마주(播磨州) 태수가 다스리는 곳이라 하였다. 날이 저물 때 병고에 이르러 하륙하였다. 진무를 베풀었다.

8일 갑신일. 맑음.

새벽에 배에 올라 노를 저어 대해로 나서니 사방이 끝이 없었다. 여기가 바로 대판인데 출입하는 배들의 요로(要路)였다. 왕래하는 상선이 바다를 덮어 몇 만 척이 되는 지 알 수 없었다. 신시 말에 하구(河口)에 도착하였다.

이날 1백 리를 갔다.

9일 을유일. 맑음.

새벽에 출발하여, 노를 저어 대판성에 도착했다. 대판성까지 20여리 남겨두고 조수가 빠져, 각선(閣船)은 나아갈 수 없었다. 나와서 기다리는 누선(樓船)이 십여 척이었고, 기다려 맞이하는 작은 배가 5백여 척이었다. 세 사신 이하가 각기 누선을 타고, 짐바구니 약간은 작은 배로 옮겨 싣고 차례로 들어갔다. 누선의 높이는 한 길 남짓했고, 염료로 칠하고 금으로 장식하였으며 채색하여 그림을 그리고 판자로 덮어놓았다. 만듦새가 매우 지극히 사치스럽고 화려하여 왔다갔다 하는 것 역시 하나의 기이한 장관이었다.

7, 8리를 가서 포구로 들어가니 양쪽에 인가가 3십여 리에 가득하였고 희게 칠한 벽이 파도 바닥까지 비쳐서 빛났다. 분주하게 관광하는 남녀들은 그 수를 셀 수 없을 정도였다. 좌우의 상선, 병선, 누선이 생선비늘처럼 즐비하여, 역시 몇 천 척이 되는 지 알 수 없었다. 일곱 개의 큰 다리를 지나 대판성에 이르렀다. 성에는 큰 층 지붕과 포루가

있었고, 언덕 위에는 말을 끌고 정돈하여 기다리는 자가 무수하였다. 상사 이하가 드디어 하륙하여 차례로 들어갔다. 좌우 시장 가게에서 구경하는 자가 담처럼 둘러싸 있었고, 기괴한 물건이 산처럼 쌓여 있었다. 관사에 도착했다. (원주 : 나머지는 하권에 있으나 유실되었다.)

【원문】

海槎日記

《海槎日記》序

【金東溟 世濂以善書啓請從行。】

余嘗渡耽羅，海到中洋，天水相拍，四無涯際，超然有博望牛斗之想。東望日域最近，雲霞點點，乍隱乍現可攬，而有思得一颿風，踵徐福古道，涉夷、亶之洲，登日光之山，以快我心目，而不可得至今仙仙若兩掖風也。日仝生中極，裒其先祖斗巖公《海槎日記》請余弁其首。噫！公以蓬蒿一布衣，不憚鯨鰐之險，能佐大鳥，而爲逍遙遊，其親九萬里而下方羊於蠛磨之室者，眞醯鷄之不若矣。況公抱絶藝，凌駕顔、柳，颯颯萬紙，直與扶桑爭曜？又得東溟鉅匠爲知己，使海外殊俗知東國有人，其事奇、其蹟偉，公可謂不虛生此世矣。噫！嘗聞蠻舶到中原，以千金購米元章書，外國之愛惜人材如此，而東俗隘甚，雖使公出而遊公卿間，不過爲韓景洪輩顔行。公迺一下矺，卽長楫而歸，斂就環堵，被服儒素，益敦家庭緖業，恥以一藝名，此尤公之高也。況又却幣投銀，凜乎有古人節？若使公幸而生中國，隨使節窮河源，必不以邛、笮、冉、駹奇珍異物，導上侈而開邊隙也。迺公不幸而生偏邦，所涉只涅齒境，所守者只子罕之寶，惜哉！日記本二冊，皆公手筆而逸其半，其必有神物護持，竟歸歸氏，而今姑不可得以見，遂摩挲感歎而書之。戊午秀葽節晩歸山人 李源祚敬敍。

丙子九月

二十五日壬寅。晴。

余作日本行，鄕中老少爲餞別皆來會，緣日暮出宿鄭人貴家。

二十六日癸卯。晴。

早朝副使書簡忽到。其書曰:“萬里之行，出於倉卒，如此寒沍，治行必多窘急懸懸，士固有曠世相感，左右之作此行，少無不可，快意許偕，千萬切仰。”云云。日出啓程，兩兄爲遠別幷轡。是日至昌寧 長樂地宿。

二十七日甲辰。晴。

凌晨跋涉，朝飯於靈山縣，秣馬於水源驛，夕抵密陽 運禮表從家夕食，滿盤珍羞，上下同飽。是日逢舍弟濂，四兄弟同宿。

二十八日乙巳。晴。

朝飯如昨。從兄爲祖母居廬於金海地，萬里之行，不可不辭墓奉別。卜馬及兄弟，直送大路，期會於龍塘，長兄曁余，由三浪之廬所，辭墓奉別，渡都要津，抵龍塘，日已昏矣。卜馬先到，旣定舍館矣。

二十九日丙午。晴。

平明過梁山 內浦至光山驛，日已三丈，察訪曹廷龍以初面供朝飯、設盃盤，其待之如舊相識也，欲起求余草法，不可以辭，揮十餘帖以贈。是日至東萊 巢山驛。

三十日丁未。晴。

曉發朝飯於東萊府 邱亭，午到釜山，見副使，副使卽東溟 金公也。釜山在浦口, 斗峰屹立, 城郭猶存, 皆倭所築云。

十月

初一日戊申。晴。

留釜山。向晩弟兄見副使, 陳我行止憫迫之由。適靈山士人裵弘禮, 在東溟前, 東溟顧謂裵公曰: "全生與我, 情義頗款, 萬里同行, 出於至誠, 況上使、從事, 飽聞才華, 切欲帶去, 實爲光國, 旣非私幸, 則全生固難辭也。設使先參知【裵公 大維】在世, 啓下帶行, 則安敢退托?"云云。東溟之起余至於此, 士爲知己者死, 矧此行役, 趑趄苟免, 非義也。於是遂定竝桴之矣。

初二日己酉。晴。留釜山。

初三日庚戌。晴。留釜山。

初四日辛亥。晴。留釜山。

從事早出港口, 點檢行李, 標署分載各船。午後三使出釜山城門欲乘槎, 潮退不可上。宿村家。

初五日壬子。晴。留釜山城外。

初六日癸丑。晴。

五更蓐食。弟兄相別津頭, 去留之懷, 滄海俱深, 到此始知別離之苦也。乘船擧碇, 擊鼓發行。倭使平成春、橘成供等, 已出草梁港先待。倭沙工十三人來現, 第一二三船, 各載三名, 其餘分送四五六船。到草梁, 日已出矣。掛雙帆出洋, 舟行甚駛。沒雲臺在右, 太宗臺在左, 四望無際, 天海相接, 眞壯觀也。行百餘里, 轉作東風, 此乃逆風之勢, 風勢益猛, 波濤如山, 振蕩奮薄, 上如出天, 下如入地, 望見前船, 出則露板, 底沒則只見檣烏, 舟中人, 無不嘔吐偃仆, 余亦不平仆席。倭沙工, 令掛半帆, 未末始達馬島之西, 倭船迎候者, 數十隻來到, 倭沙工令下帆, 倭船六隻, 牽引以前, 棹入沙愁那浦, 三船以次下碇, 四五六船繼至。島主差倭伊織問安, 仍獻餅酒等物。橘成供追至, 平成春等不能及, 轉泊于他處卄里外云。浦口人家纔數戶, 宿船上。伊織又呈生魚、獐、豚脚、酒一桶。是日行四百五十里。前縣監李惟泂、前判官金光立、玉浦萬戶白士哲、前萬戶崔成岌、司果李俊望, 軍官也。忠翊衛尹愛信, 子弟軍官也。前正姜遇聖, 上通事也。判官韓相國, 次通事也。前正白士立, 醫官也。畵吏朴得信, 伴倘也。廳直尹士立, 玄風少童; 金勉三、沈克龍, 金山少童; 朴光華, 門子也。朴明得, 形名將也。鄭忠一, 纛將也。金守明、元義南, 節鉞奉持也。李生、張㐁立, 砲手也。李承立、李奉上、裵戒男、金守介, 使令也。黃雲鶴、朴文己, 太平簫也。雲生、仁吉, 刀尺也。金儉孫、韓禮守、吳二世, 小通事也。權蘭同、金彥鳳, 沙工也。權明哲、金加隱同, 無上也。軍官、譯官奴子, 竝十一名, 格軍五十九名, 各乘副船, 子弟軍官權瓊、書寫司果趙廷玹、漢學參奉尹廷羽、畵員司果金明國、書記朴信立·文必、別破陣金繼逸、馬上才白天龍、理馬韓天祥、典樂丁潤僕·薛義立, 分送于第五船, 卽副使卜船也。堂上譯官同知洪喜男、子弟軍官前萬戶李浣·司果任紈、軍官引儀景大裕·習讀趙廷命·部將鄭漢驥、吏文學官權侙、次通事前正李長生、醫員前判官韓彥協、書記文弘績、伴倘崔義信、小童晉州 河大衛·星山 都繼仁、奴子龍伊·彥男, 卽上使所率也。軍官前判官朴洪疇·引儀張文俊、漢學皮得忱、寫字官朴之英、馬上才崔貴賢、典樂洪鳳元·林許弄乘四船, 卽上使卜船也。堂上譯官僉知姜渭濱、子弟軍官司果尹涯、軍官前僉使金子文·司果金繼獻、次通事尹大銑、伴倘書吏崔承先·金應及、小童慶州【缺】、奴子【缺】, 卽從事所率也。 典樂安悉孫、金君尙乘六船, 卽正使卜船也。一行員役、沙格, 摠計四百七十三人。 船上建靑龍大旗一、纛一、偃月刀一雙、三枝槍一雙、淸道旗一雙、巡視旗一雙、節鉞各一, 左右設紅綃帳, 大小人員, 無不袪粧, 服紈錦之飾, 照耀輿臺, 誠可駭也。從事舊乘上使船, 至是始乘各船, 畫欄畫船之制, 亦始于此云。

初七日甲寅。晴。

留沙愁浦。橘成供等送言曰: "今日風勢不順, 當送飛船, 出海口以觀。若達鰐浦, 則幸莫大焉。" 船人皆言不可發。平成春夕始來到, 倭人之支候鰐浦者, 來呈下程, 物目極夥, 蓋吾上下支供也。單子前面, 有"信使三人"等語, 副使以辭不遜還給, 卽改書"信使三位"以呈。上使欲還牛三隻, 米則一行各只受一手斗, 還其餘。從事欲并與油、獐、鷄而還之。副使以爲油、獐則不必減, 因日暮不得受。倭人來言, 國馬到鰐浦病蹇, 馬上才所騎馬, 亦病不喫草, 令馬醫韓天祥往治之。是日東風大作, 不得發, 宿船上。沙愁那, 則壬辰入寇時, 留泊兵船處云。

初八日乙卯。晴。

平明發船, 促櫓沿岸, 巳時得達鰐浦, 因風逆不得進入, 泊浦口。人戶纔數十。橘成供苦請下陸, 上使不欲下, 副使以水宿爲苦, 往復數三。日暮上使以下, 若干員役, 乘轎入往。有精舍六間, 寶莊寺在其左, 丁巳吳相國 允謙所宿處云。黃昏上、副、從事列坐, 招見伊織、橘成供、藤智繩等, 皆跣足解劍, 入拜于楹外, 謝以越海阻風良苦, 低頭致辭, 禮貌極恭。上、副、從事, 答以遠護深謝耶, 退出。俄而島主, 又送內野權兵衛, 將魚酒來呈, 藤智繩還府中。韓天祥來言馬上才馬斃。精舍草創不可宿, 遂取船上諸具, 以護寢宿之所, 寒氣遍身, 甚於水宿。始見棕櫚、枇杷。自沙那至此，三十里。

初九日丙辰。晴。

朝飯後還船上。尹大銑驥馬後至，上使從板上見之，以爲無禮，捉致欲杖，仍釋之，從事遂杖三度。下程諸物，自沙愁那追至，是日始受之。一手斗者，卽倭人一升之稱，容我國三升。是日宿船上。四更天陰張具，終夜有聲。

初十日丁巳。陰。

平明發船。陰雲四合。督櫓入泊西泊浦。有民戶十餘，後山皆冬栢、丹楓，望之如畵。初昏藤倭獻柑子一苞。去鰐浦三十里。

十一日戊午。晴。

平明發船。過金浦，海波不動，促櫓以行，至下瀨浦，兩崖之間，僅能容舠，倭沙工以爲靈神所住，令船人不得語，祠在崖石上云。是住吉神廟，板屋數間，村人之觀光者，滿其中。未末入泊帝灘。島主送人問安。夜深藤智繩送人，潛語康遇聖曰："明日璘西堂、召[1]長老將出迎，船上諸具，不可不整飭。見諸裨將所佩刀，皆我國所出品且劣，幸深莊不出，槍戟亦不好，須勿去韜，鳥銃若我國所造，則不必出。"云。自西泊至此，一百七十里。

十二日己未。晴。

平明發船。叩栧以行，未及府中二十里，從事抵書副使曰："島主未出當奈何?" 副使答以不可進，蓋因發行太早，彼未及迎故也。俄而島主義

1 "召" : 底本에는 "台"로 되어있으나, 『以酊庵輪番僧記』에 따라 "召"로 고침. 이하 마찬가지임.

成至, 儀從甚盛, 璘西堂、召長老亦至, 儀從若島主。船旣近, 三使從板旁上相揖, 二船遂前導。不及府中五里霪下, 旣抵岸霪益甚, 倭人之執傘、控馬者蔽岸, 未末霪止。上使以下, 奉國書以次入, 觀者若堵, 男女騈闐。島中地勢狹隘, 四面皆山, 民居不下千餘戶。行二三里, 始及館舍, 卽豐崎守及島主妹夫家, 中設正堂, 爲使臣新造云。別成突房, 枕席帳褥, 略倣我國之制, 皆是新造。伺候供億, 各有執事之人, 接待之禮, 極其恭謹。璘西堂先到以待, 入謁卽辭去。倭通事三十人, 謁于庭下。初昏設振舞, 卽倭俗設餉之稱也。饌品甚旨, 一行員役, 分餉于各廳, 突房新造未乾, 宿于廳中, 凉冷不可堪。自帝灘至府中, 七十里。

十三日庚申。晴。留馬島。

朝島主、兩僧送人問安, 逐日以爲禮。聞是日島主及兩僧當來見, 而日暮不至。問譯官則答曰: "平成春、伊織等來言, 兩僧不能嫺禮貌, 終日有講定之事, 以致日晚, 明當就謁云。" 夜島主送人曰: "閭里有失火處, 今已撲滅, 喧呼之聲, 恐及館舍, 敢此問安。"

十四日辛酉。晴。留馬島。

島主及兩僧, 來謁三使前, 到中門外, 下其竹兜以次入, 刀戟、儀從幷在外。義成着其所謂公服, 兩僧着袈裟, 從者各十餘人。到階義成解劍赤足, 兩僧脫履, 上堂行再揖禮, 分坐交椅。義成謝曰: "三箇大人, 涉海遠臨, 感激罔涯, 恐勞尊體極以爲慮。" 兩僧曰: "俺等乃大君所送迎候人也。如有下敎之事, 敢不盡心?" 三使答曰: "承命修聘, 敢云勞苦? 遠路同行, 幸亦大矣。" 仍曰: "禮曹書契在此, 當傳送。" 島主謝曰: "朝廷至送書契感極。" 卽辭去。島主之禮, 已極恭謹。兩僧之舟迎、西堂之入謁, 前日玄方之所不爲也云。島主極凡庸, 入庭因兩僧未及, 中立不進, 四望欲笑, 昏騃之狀可掬。召長老黠而眸子不良, 揖讓手戰失儀。璘西堂勤止可觀。有徐首座者, 玄方弟子, 狡黠無比, 見之知其爲詐物, 方見寵島主。平成春、伊織最其用事者，而伊織則年少而驕且妄。日昏島主、兩僧，各送人問安。洪喜男持書契，往城中，島主具公服，出受大廳，禮貌極恭，喜不自勝，仍曰："我蒙朝廷之恩，今此使命之行，若或有一毫漫忽之心，有如海水。"云。

十五日壬戌。晴。留馬島。

日晩島主呈下程，物目甚多，遍及一行下人。召長老送果餠於三使，盛以五層畵函，其書曰："昨者一謁光霽丰度，萬重[2]山斗仰瞻，幸甚幸甚。山人寔林間性情、方外手段，所不學詩書，矧又疏禮節，只恐交際屢多唐突也。伏希扳量。心緖不盡，顔甲愈增。仍各各附記以效芹，粲留笑共。以冬初霜寒，旅況珍毖。棠陰 玄召頓首。"云。三使答曰："敬承臨況，獲接軟語，不謂海外乃得見大師眞儀，頓令人心醉損。惠手翰，副以珍貺，益感鄭重，敢不謹領？不宣。" 西堂玉峰 光璘，亦送果餠具狀，又答書以送。令譯官康遇聖，往見島主，言刷還事，答以盡誠周旋。往見兩僧，俱設酌致款，夜深方還。

十六日癸亥。晴。留馬島。

軍官出列，島主及其母妻，竝觀光歎服。是日始出禮單，島主、兩僧及藤智繩、橘成供、船頭倭十三名等，以次分給。適有倭船之歸，封狀啓。

十七日甲子。晴。留馬島。

島主呈霜橘一大器。是夕始寒，大風達夜，節序正我國八、九月，草木猶未黃。

---

2 "重"：金世濂의『海槎錄』에는 "慰"로 되어 있다.

十八日乙丑。晴。留馬島。

早大風，午後止，夜深又作。先是島主請宴者數日，至是始許赴，三使旣輿，隨後以出，伺候倭人，擁遮前後，觀者塡咽，街巷皆跪伏，雖小兒不出一聲，間有百長衣蒙首掩面而觀者，乃兩班婦人云，而雜處僧俗之間，其顔色如玉，皆染齒，服色班，制似僧衣，貴者披髮，賤者束髮也。島主所居，有三重門，重城複墻，上設砲樓。第宅壯麗，不施丹雘，左右所懸，皆甲冑槍戟，周以金屛，北壁掛宋 徽宗《白鷹圖》一雙，東壁設簾，爲婦人觀光所，厥母妻在其中云。中堂設享禮床卓，器皿、饌品，盡倣我國之制。使臣下轎于內門，島主與兩僧，迎于下堂，以入正廳，行兩揖禮，行享禮，禮貌極其恭恪，一行員役，幷分廳設享。執事者數百人，寂無一聲，島主、兩僧之後侍者無數，皆帶短刀跪伏，僧則不帶刀，趨走於前者，皆着長袴，曳地尺餘，見之可怪。其意必備倉卒之患，使不得急步。九酌而罷，三使將出，島主苦請平坐行重酌禮，乃國中致敬之極禮，酒卽行燭至。謂兩僧曰："今此接席，安用譯舌？片札問答可乎？" 僧曰："唯唯。" 卽書："大君克篤先烈，朝廷送使臣，雖出於馬州之請，隣國交聘，莫如誠信。不意兩僧遠逆境上，大君誠意，到此益著。" 又書："被擄人一款詳在，奉行書中亦在，兩師極力。" 又書："大君聞使臣入來，急還島主，使之出待，意甚盛也。往還迎送，毋墜曩禮，唯此之望。" 蓋島主恐被關白拘住，潛使人來請故也。兩僧幷答之曰："敢不盡力？" 仍乞詩甚懇，因書一節以呈三使，三使卽次韻，副使又口占八韻，排律二首，以贈兩僧，從事又贈兩僧，兩僧遂次從事韻，罷還。島主夜送伊織致謝。

十九日丙寅。晴。留馬島。

召長老次送昨日副使八韻，從事遂次贈，副使亦復步前韻以謝之。島主願得聞樂工習樂力請，上使欲許，副使以爲國服未闋，終不許。

二十日丁卯。晴。留馬島。

日氣溫暖如八月。島主傳言曰:“明日風勢必好, 願整頓行李早發。”午後呈別下程。先時五日下程, 所納米穀, 最優, 通計三行, 餘米合四十俵, 一俵容我國九斗五升, 以二十俵分給倭沙工十三人, 其餘竝還之。是日上使患感冒。

二十一日丙辰。晴。留馬島。

曉島主送言曰:“若得好風當發行, 候風者尙未至, 當待日出更報。”俄而又報曰:“今日已晩, 此後雖有風, 恐難發船。”卽招船人問之, 則今日東風不合出船, 海路極遠, 風力又弱, 不可發, 島主出乘船開洋還, 以今日爲吉故云耳。

二十二日己巳。晴。

日出發馬島。乘船兩僧、島主隨至。西風方起, 諸船張帆而出船, 皆白布帆, 凡五十餘隻, 風勢不猛不弱, 舟行甚穩。未末到一岐島 風本浦, 倭語“百沙毛都于羅”, 水邊民居可五十餘戶有小剎。平戶島太守所管, 太守方在江戶, 亞官能坂大膳出待, 力要下陸, 只令員役, 受振舞而還, 饌品極其豐備云。呈下程, 逐日以爲例。自馬島至此, 四百八十里。島有七鄕三十里、十四浦, 東西半日程. 南北一日程, 水田、旱田相半, 土宜五穀。島主曾與平戶太守不相能, 調興之訟, 大君令欲平戶代之, 島主行萬金於太守, 辭不受, 由是心德之云。初島主送人曰:“今日風勢必好, 而日出後方可定, 幸從容發行。”會上使已令三吹, 副使未及飯, 旗纛將出門者, 罔知所爲, 遂下鑰。上使軍官張文俊, 告于上使曰:“門鎖不可出。”上使怒, 從事官以爲譯官不能盡心, 致有此變, 欲杖康遇聖, 上使不從, 從事惱。及到一岐島, 從事對副使, 力言遇聖罪狀, 副使曰:“余則初聞, 此不過一妄倭蒼黃所致, 別無島主分付。若杖康遇聖, 不幾於市之怒而色於室歟? 若其情狀則可駭, 恐失么麽。島主心忍羞不言，更做甚事?" 會式夫、伊織二倭至，上使、從事，俱已就寢，副使令譯官洪喜男，引入責送。是日宿船上。島主苦請下陸，不許。

二十三日庚午。晴。

東風大作不得發，留一岐島，島主令橘成供謝罪，仍言送飛船，捉來處置爲計，從事諭以不必重治之意。上使船中有失物者，搜一行行李，格軍卜中，有魚皮六十丈，上使杖而斥。仍通一行，令一時搜檢，畵員金明國籠中，有犯禁物，送從事治罪。是日宿船上。

二十四日辛未。陰。

食後下陸，入舍龍興寺。聖母祠在其旁，始見蘇鐵，葉長可尺許，色如側柏，枯則揷鐵必蘇，得名以此，此物理之不可曉者。籬後冬栢盛開。康遇聖持數片白石，入告于副使曰:"此則島主所呈，石理之間，多有落葉，在山頂，極可怪。" 視之則白脆，如乾漚狀，葉乾在裏。副使漫應曰:"此開闢前落葉也。" 旣出醫官韓彦協，以爲糖餠，攫取滿口嚼之，則乃石片也，一行胡盧。初昏馬島歲遣船，至自東萊。

二十五日壬申。晴。

島主、兩僧，俱請發。食後乘船，擧帆出浦。風勢甚穩，舟中無水病者。歷小島，申末到藍島，有民居廿餘戶，卽筑前州所屬，行高泊船之處，南望筑前等州地方，諸山橫亘海上，人謂之博多州，而不謂筑前州，覇家臺在其岸，卽新羅忠臣朴堤上死處，圃隱奉使時，亦到此云。館舍盡爲新造，凡鋪陳屛風，極其華美，奔走供給，莫不肅敬，聞以支供來者，凡五百餘人，皆筑前州出站者。日夕下陸，設振舞，飮食盡塗金片，餠品極侈。自離馬島，平成春等，奔走進退，有同下人，極其恭謹。藤智繩親執轎索，唯恐不謹。夜大風，舟人喧聒。

二十六日癸酉。晴。

大風不得發，留藍島。靈光被擄者來言，聞使臣至，欲還者居半，欲留者居半云。

二十七日甲戌。晴。

平明開洋，未反半路，風猛浪激，舟中之人，莫不顚仆。此卽倭人所云險灘，昨日不發，亦畏此灘云。倭船急來牽引，艱過山脚，則前舟已渺然矣。夕到赤間關，乃長門州所屬，人家甚盛。太守在江戶不館，於阿彌陀寺，設振舞，夜深呈酒果。未及赤間關十餘里，南岸有城地，卽越中守忠利所居，人家甚盛，彌滿十餘里，城有五層樓，鑿壕引海，上駕虹橋，號爲小倉，卽豊前地也。豊前太守，夜送人，呈下程，米至五十石，他物稱之，只受酒果，而謝還之。寺傍有神祠，名安德天皇神堂，聞諸倭人，則古有安德天皇者，爲源[3]賴朝所侵，兵敗至此，勢窮力竭，其祖母負而入海，從臣七人、宮女數人，投海而死，國人哀之，爲立祠以祭云。自藍島至赤間關，三百卄里，自此始爲日本陸地，自馬島抵赤間，連有三大海，波濤亦甚艱險，自前號爲難渡。

二十八日乙亥。晴。

平明上船，潮退水急，文字城與赤間關，相對處甚狹，水勢迅激，來若瀉瓶。式夫等力言，水急不可上，請待。午後潮上發船，行數里還止。有老女數人乘船，託以觀光，自言仁同人願去，約以回程率去。午後義成請風順發行，諸船一時擧帆，經文字城，岸上有廟，繞以松林，浦名硯水，後峰斗起百餘仞，上有壘壁戰爭處。東望陸地，諸山橫亘不絶，重且白色，西望薩摩州等地，諸山繚繞一面，及至向島，則薩摩等山盡，而大海始茫茫。日本地圖，西海道豊前州之文字城，正與長門之赤關相對，

3 “源”：底本에는 “原”으로 되어 있으나 인명에 따라 “源”으로 고침.

豊前之地勢已斷，迤南而西畫南海道相隔之海，南海道與周防州相對。今見豊前，無復迤南而東者，與長門相對，盡日而行，看看不盡，知其圖畫之誤也。薩摩卽西海道之最遠處，海中遠峰，卽其山云。到向島夜二更矣。夜旣深，天黑如漆，西風轉爲北風，向島尙遠，倭船及上使船已先到，舟人憂之，高聲促櫓，放火以前，與從事船相應，倭船出迎者無數。向島亦長門州地方，未出站處，故宿船上。長門太守，送人問安，召長老獻餠二箱。自赤關至向島，二百卄里。

二十九日丙子。晴。

鷄鳴發行。日出風弱波伏，舟行甚穩。倭船前引者無數，左右設彩幕，擊楫者左右各數十人。自藍島以前，引行者小船，自藍島以後，始用大船。與三船竝行，或先或後，到上關日尙高矣。水邊迎候者如雲，苦請下陸，正使以下，以次入云。是長門州太守，自江戶往來時茶屋，設振舞。諸饌皆布金銀，器則用沙器，如我國沙貼之制而品劣，皆塗金。享畢進花盤，卽桃花，樹間有結子，大如鷄卵，卽刻木爲之，葉則剪綵以造。藍島以前用刻木，至此島始剪綵，益妙。兩僧來見。島主呈香屑，盛小合如鵝卵大，云："是沈香等屑，和合爲之，願用諸館舍。" 自向島至上關，一百七十里。

十一月

初一日丁丑。晴。

曉起，及上船，天欲曙矣。行未半，風止潮退，遂入泊浦口。及日暮風起，島主請發，諸船張帆促櫓，夜二更到津和宿船。璘西堂獻橙橘一筠籠。黑雲從水起，西風大作，舟人落檣布篷處喧聒。島主送人曰："風浪如此, 決不可止宿船上, 當灑掃浦上人家以達。” 俄頃風勢暫止, 不復下陸, 終夜搖蕩, 令人不堪。自上關至津和, 一百卄里。

初二日戊寅。晴。

平明發船, 行數里, 橫風大作, 海中石島, 與海岸山脚相對, 白波如雪, 望之不可近。舟人無不矍然脫氣, 我國沙工, 不知所爲, 一從倭沙工所指, 僅得經過, 渡海時一危境。夜午未一浦, 卽鎌刈, 安藝州地方。苦請下陸, 設振舞, 水邊新刱板屋五六十間, 卽爲一行員役振舞設也, 盡布金屛。使臣所館處, 太守茶屋, 後有浴室, 設楎椸。及進享, 器皿、飮食, 無非金色, 盈丈之設, 皆用塗金木盤, 此則上關以前所未見。及夜懸燈于內外屋柱, 望之若列星, 晃耀如晝, 達曙不滅。水邊又有戰船十餘隻, 上設戰具, 各有領將。觀其船制, 輕快精妙, 左右各設二十五櫓, 若比我國戰船, 則不及遠矣。今之論倭寇者, 徒知陸戰之爲急, 不念逆擊于洋中, 若下陸則難制矣。左水使每以三月初一日, 入防釜山, 謂風和, 八月初一日以後, 謂之風高, 則輒罷防。水營·釜山·七浦萬戶所率、水營戰船, 統計十八隻, 及統營添防船, 又四隻或二隻, 雖使周瑜爲將, 李舜臣再起, 十八船安能當百萬蔽海之賊乎? 統營去釜山, 三日程, 賊若乘順風張帆出來, 是爲我船之逆風, 永嘉臺藏船, 雖出於一時畫策, 而蠻館至近, 賊若先送人縱火, 可一炬盡也。港口之游塞不必論, 若欲藏船, 疏鑿不難。戡[4]蠻夷新設水營, 尤不滿矣。與蠻館相對, 所見齟齬, 無復在山之勢。庚子年征倭時, 唐船泊戡[5]蠻夷, 遭風致敗者, 不可數。今謂之甚合藏船, 抑未知何故也。七浦萬戶, 前則疊入釜山, 今則令四浦移入水營, 釜山日就無形, 格軍必用八十名, 射夫、槍手、砲手, 當不下七八十, 方可禦敵, 而今聞一船所率射夫十七名、砲手二名。國家

4 “戡” : 底本에는 “勘”으로 되어 있으나 지명에 따라 “戡”으로 고침.
5 “戡” : 底本에는 “勘”으로 되어 있으나 지명에 따라 “戡”으로 고침.

之設水使·僉萬戶、置水軍戰船, 將以爲緩急也。形勢之難, 便軍卒之零落、戰具之不備, 若是其甚, 使國家無南顧憂則已, 若或有警, 將何以稅駕? 議者謂統營船隻, 當盡數入防於釜山, 此計則然矣。七浦之設鎭本意, 大將居全、慶兩道之間, 兼統下三道水軍。賊若犯全羅、忠淸, 統使督慶尙以左, 水軍進戰; 賊若犯慶尙右道, 則督全羅以右, 水軍進戰。今若盡移之釜山, 賊從他道出, 則如之何可救? 但聞加德、多大浦, 去釜山一日程, 去統營二日程, 賊欲出東萊, 則必由沒雲臺、草梁項; 若欲出晉州、順天、興陽等地, 必由加德前洋, 爲賊船必經之地, 令統營中軍率戰船, 入防于加德, 若釜山有急, 可一日進; 若犯晉州以右, 賊則可擊之中洋。統使、全羅左水使、當合戰, 兵、水使相與爲掎角, 水使則戰于海, 兵使則戰于岸, 使不得下陸, 庶乎其可矣。夕島主來謁三使, 禮貌益恭, 潛招伊織附耳語曰: "外間或有此處屬耳者歟?" 伊織與式部出觀, 還曰: "風甚寒, 此門可閉。" 卽閉前面兩門。島主曰: "向日使兩僧來謁, 今獨來者, 願得從容拜謁。" 仍出小紙于懷中以示曰: "大君令一路, 極力支供, 飛船絡繹探報, 江戶使者, 昨日又出來, 初還, 此卽傳告于執政者, 備言使臣肅整, 沿路支供盡心等事矣。" 仍曰: "兩僧同行, 多有嫌避。此所以不得頻謁也。或有願達事, 到泊處, 令洪同知, 或康判事, 託以相訪來見, 則欲潛稟也。各站支供, 極其致誠, 小人之陪信使入去, 今已三番, 未有如今之盛者, 請勿以下陸爲勞, 隨處受享, 千萬幸甚。" 三使言刷還事, 又言: "到處被擄人雖來現, 輒被馬島人麾去, 極不當。" 島主曰:

"此事敢不盡力? 但日本之人, 多疑信讒, 所以麾去者, 恐被此地人覰, 却別有意外事端而已, 然此後則亦不令麾去, 但見被擄人, 約以時還來謁, 不須以率去相約, 此皆失所丐乞之人也, 若自矜說, 傳播道路, 則中間做言, 恐或難處。" 又曰: "兩僧得使臣長篇, 極以爲幸, 草書多有未曉字, 幸寫楷書一本以贈。" 仍請曰: "小人若得一首詩, 誇耀江戶諸將, 光華百倍, 幸乞留念。" 副使、從事, 竝謝以小技不足貴, 重違盛意,當奉教。伊織請于洪、康曰："島主上下，及此處大小人，聞貴國鼓吹，莫不聳聽，幸爲我一作。" 令從其言大吹。因譯官聞之，則此處所費，凡三千兩。日本之人言："信使若每年來，則日本自當蕩財，[6] 前後信使過去，則一二年內，必大困。"云。呈別下程，以活生雉一百首，盛竹籠，各船來納，他物稱是，梨大如小椀，栗大如鵝卵，酒味甚好。日本好酒，皆出此州云。

初三日己卯。晴。

曉發風順帆正，舟行甚穩，終日行兩山間，山已盡，將出海口，石壁揷入波心，前有斗巖，可數百尺，立寺其上，望之如張傘，可容五六人，緣崖作虹橋以通，名曰"鳴鼓寺"，居僧見過船，必鳴鐘，舟人投之，以柴木米錢，以爲寺僧之資活云。行數十里，始達韜浦，閭閻極盛。自鎌刈到韜浦，望見東南，衆山接天，雖有大海，亦不甚遠云。是四州地方。曾聞倭國如人字形，及見地圖，怪其直長。以一路所見論之，西海道纔斷，又得伊藝等州，四州與長門、周防等陸地相對，若人之有左右股，人字之說，必指此等地方，覺地圖之誤。韜浦卽安藝州地方。館于觀音寺，寺在閭閻中最高頂，登臨之美，海外初見。太守名周防守，卽關白之族，年七十餘，親來支候，兼欲觀光云。三使送康遇聖問之，則拜伏於地，叩首稱謝。自鎌刈至韜浦，二百里。

初四日庚辰。晴。

平明到船所，潮退大船不得進，當用小船，而倭人不及整齊，上使極怒，將杖康遇聖，釋之。過下津，閭閻稍盛，有山城基址云。是海口要衝，秀吉令設險、把守，及家康爲關白，凡州郡設鎭，有數三處存其一，而盡撤之。此卽一也。四州地方，到此益近，讚岐州樓堞，突兀於莽蒼

---

6 "財"：底本에는 "敗"로 되어 있으나 문맥에 따라 "財"로 고침.

之間。舟行兩山間，亦不甚快，及到牛窓，夜已艾矣。上使病作，副使與從事，亦不下。此乃備前州地方，太守新大郎之所管，太守卽關白近族也。關白以北陸、海西、四州、長門、備前等地絶遠，慮有變，盡令族屬，布列以鎭，兼察諸島動靜，以此權重。至是親自出來，凡所以支供，務勝他處，先送人探問於一岐、藍島、鎌刈等處云矣。至是一行不肯下，馬島人罔知所爲，伊織、式夫，則來乞再三，旣不得請，義成左右，無不失色乞命。伊、式兩倭，直入從事船中，叩頭告悶，其情亦急矣。義成之所大懼者，太守極力營辦，親自來待，落莫非所論，關白探候，飛船逐日馳報，若曰："到牛窓不下，馬州人無乃陪行之不謹，以致使臣故不下耶?" 其請下之說，雖不足信，而旣下之後，觀其奔走相慶，若得生道，本州支供之人莫不拜賀，則亦知其事勢，或如此也。從事以爲不可不下，副使與從事遂下陸，館于本蓮寺。自船所至寺，左右人家，幾數百戶，男女夾觀，左右盡設帳，道路皆布席，五步懸一燈。寺甚巨麗。及進饌，美男子數十輩，皆盛服帶刀，奔走肅敬，進退行步，不敢出息，膝行曲跪。飮食、器皿，皆是金色，滿堂亦皆金屛，燭影之下，粲然一金世界。凡事比鎌刈益侈，非復韜浦比也。上使宿船上，患癨亂。自韜浦至牛窓，二百里。

初五日辛巳。晴。

日出乘船，行數十里。四州山已盡，南望大海接天矣。申初到室津，云是播[7]磨[8]州地方，太守則甲斐[9]守其名矣。新自江戶出來，托以病不能出候，送人謝罪。日夕，上使以下俱下陸，享禮之盛，不下鎌刈。自牛窓至室津，一百里。

---

7 "播" : 底本에는 "幡"으로 되어 있으나, 地名에 따라 "播"로 고침.

8 "磨" : 底本에는 "磨"로 되어 있으나, 地名에 따라 "磨"로 고침.

9 "斐" : 底本에는 "裵"로 되어 있으나, 地名에 따라 "斐"로 고침.

初六日壬午。朝陰。留室津。

島主送言曰: "此去兵庫, 道里不遠, 南海大洋, 在於其間, 與大阪江水之流相合, 故必得風潮俱順, 方可發船。今日風勢過猛, 不可發。

初七日癸未。晴。

日出發船, 張帆開洋, 行十餘里, 望見民居彌滿, 城堞突兀半空, 云是播[10]磨[11]州太守所治。日暮至兵庫下陸, 設振舞。

初八日甲申。晴。

平明登船, 棹出大海, 四望無際, 是乃大坂, 出入之要路也。商船往來者蔽海, 不知其幾萬隻也。申末到河口, 是日行一百里。

初九日乙酉。晴。

平明發船, 以棹役抵大坂城。未及大坂二十里餘潮落, 閣船不得進, 樓船出待者十餘隻, 俟候小船五百餘隻。三使以下, 各乘樓船, 卜籠若干, 移載小船以次入。樓船高丈餘, 塗以染, 粧以金, 畵以彩, 覆以板, 制度殊極侈麗, 往來亦一奇觀也。行七八里, 入浦口, 兩邊人家彌滿, 三十餘里, 粉牆照耀波底, 男女奔走觀光者, 其麗不億, 左右商船、戰船、樓船, 鱗此櫛比, 亦不知其幾千隻也。過七大橋, 至大坂城, 城有大層砲樓, 岸上控馬整待者無數。上使以下, 遂下陸以次入。左右市廛觀者如堵, 奇怪之物, 積在如山。到館舍。【餘在下卷見失。】

---

10 "播" : 底本에는 "幡"으로 되어 있으나, 地名에 따라 "播"로 고침.

11 "磨" : 底本에는 "磨"로 되어 있으나, 地名에 따라 "磨"로 고침.

【영인자료】

海槎日記

해사일기

如見古大橋(或大坂)對之上居碑樓岸莊
可想依舊重家與文以下叢迷使行路
入者在市廛錦在水鐵壽坊
物積如山云館舍

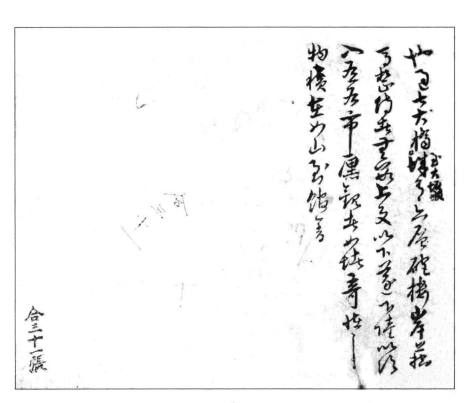

合三十一張

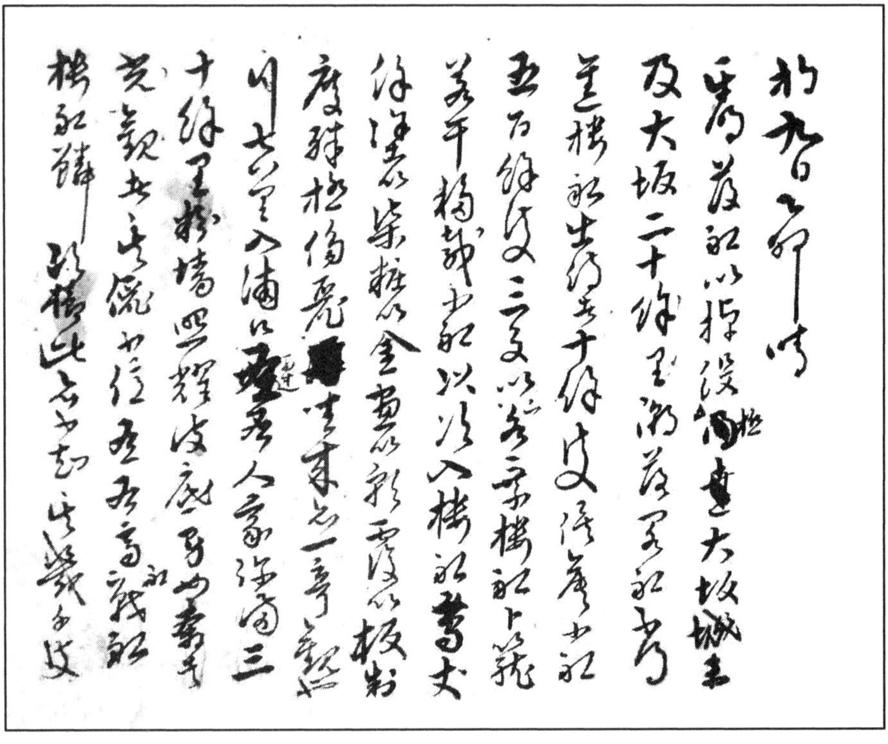

62

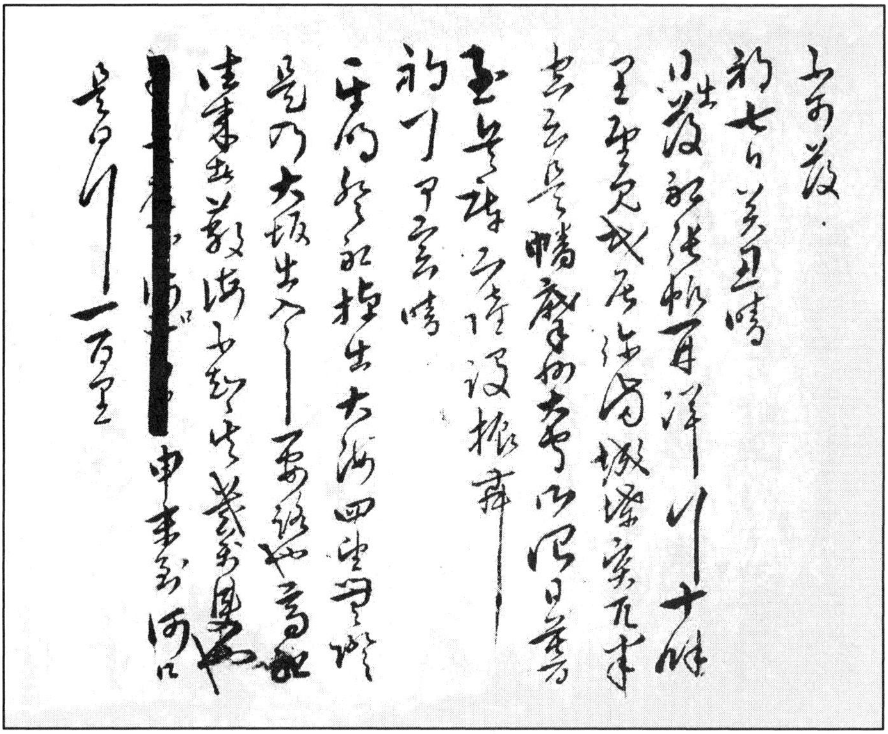

61

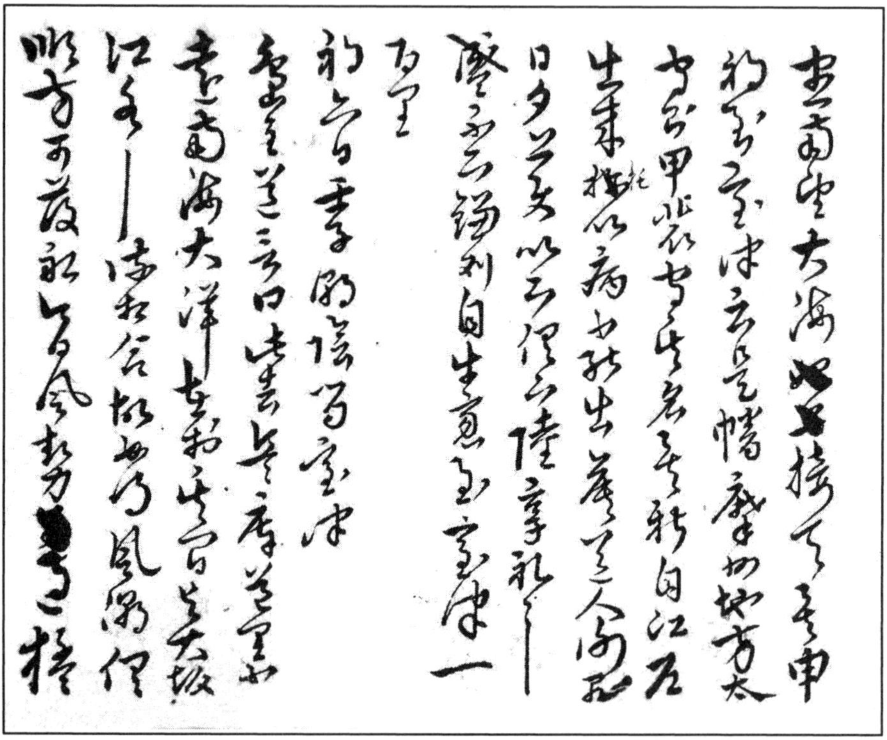

60

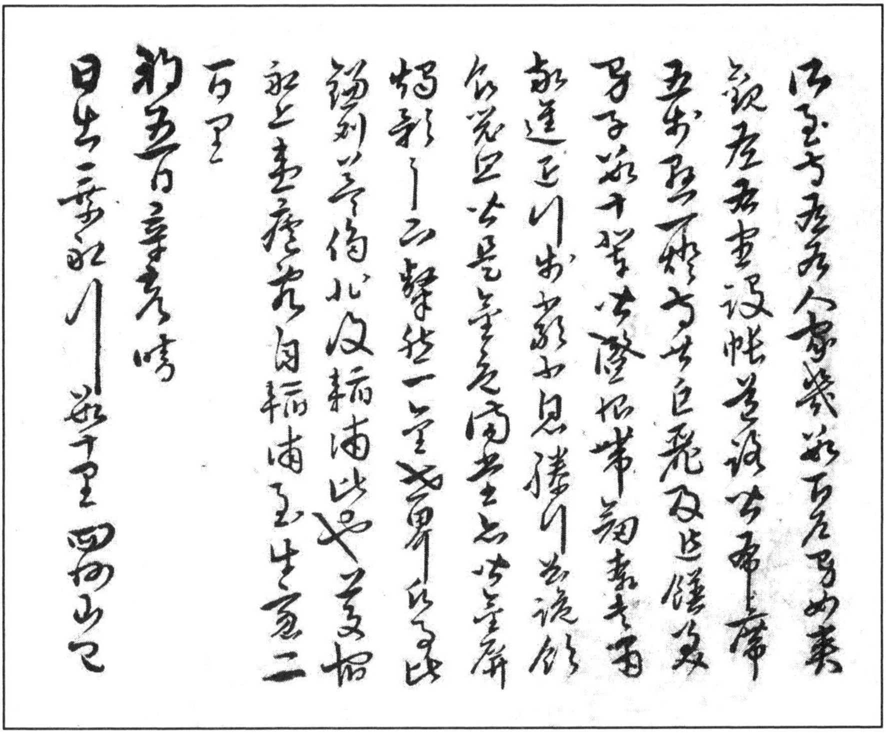

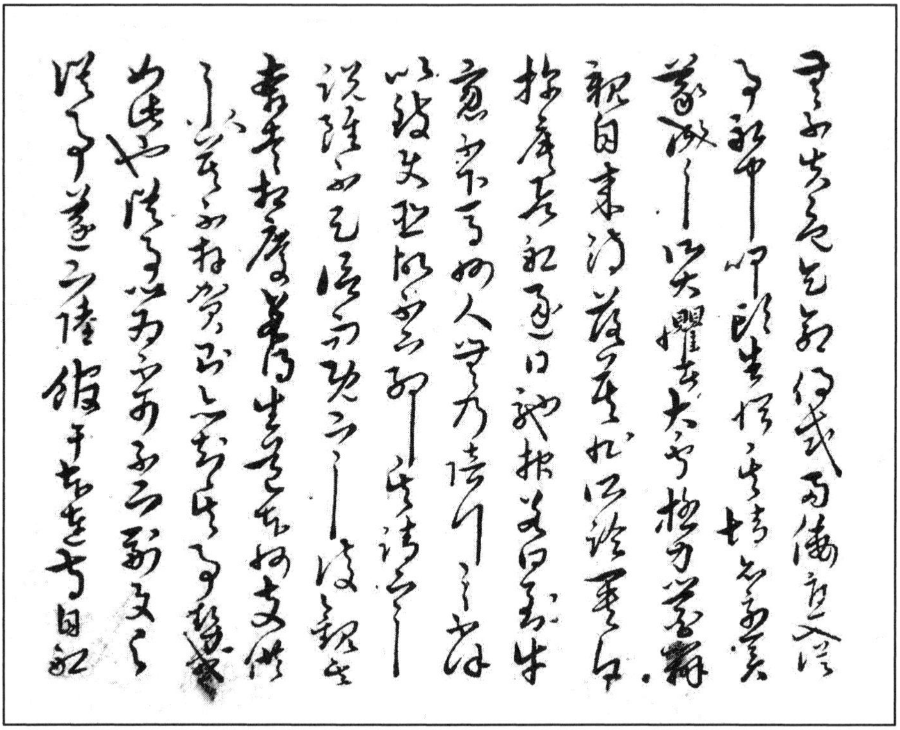

58

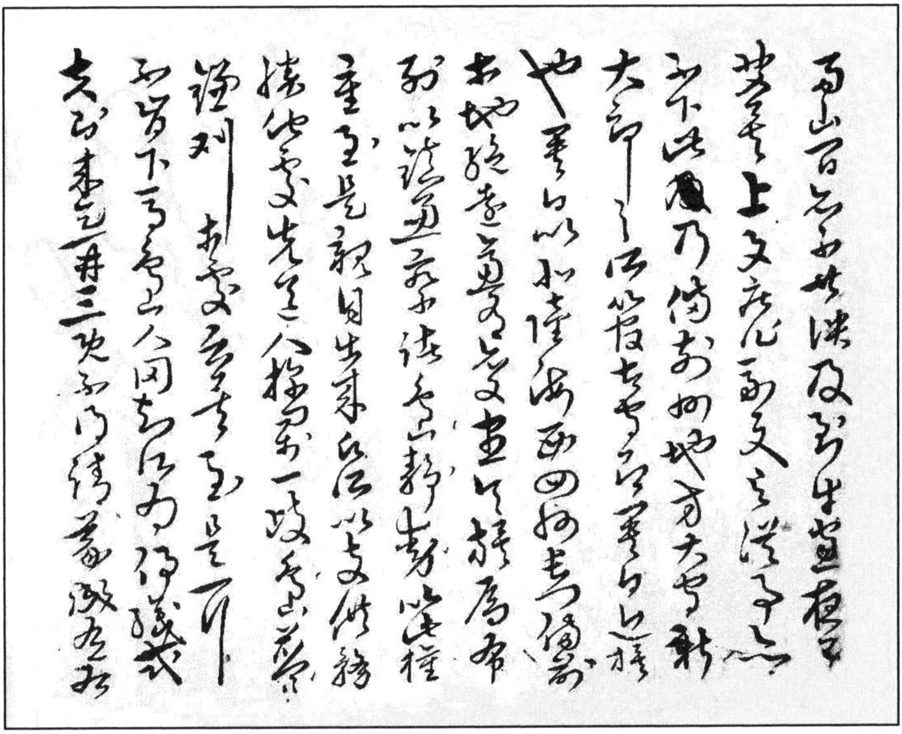

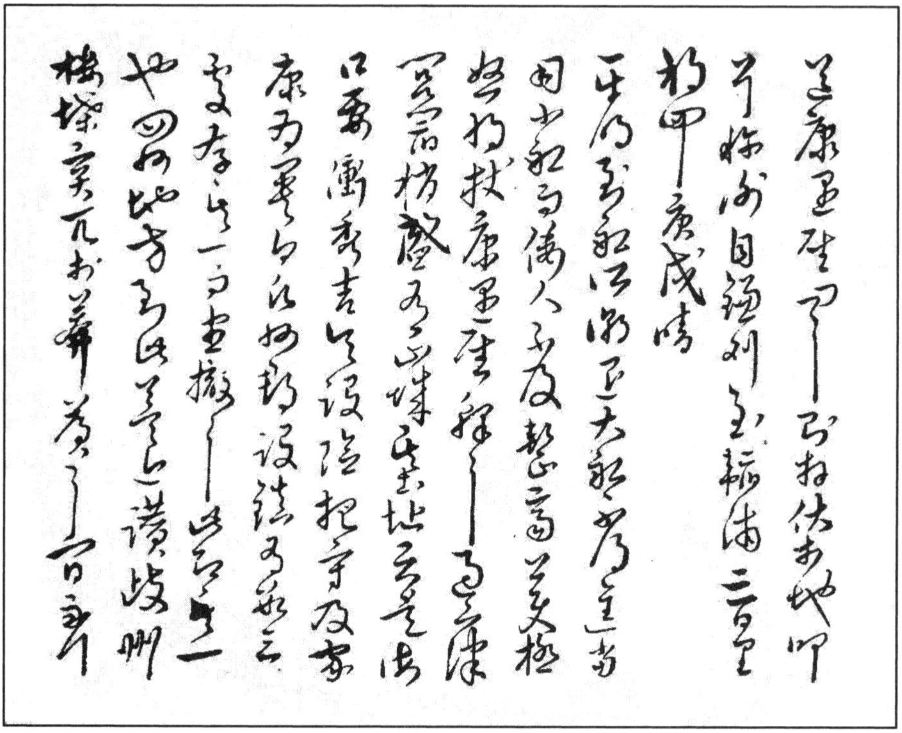

56

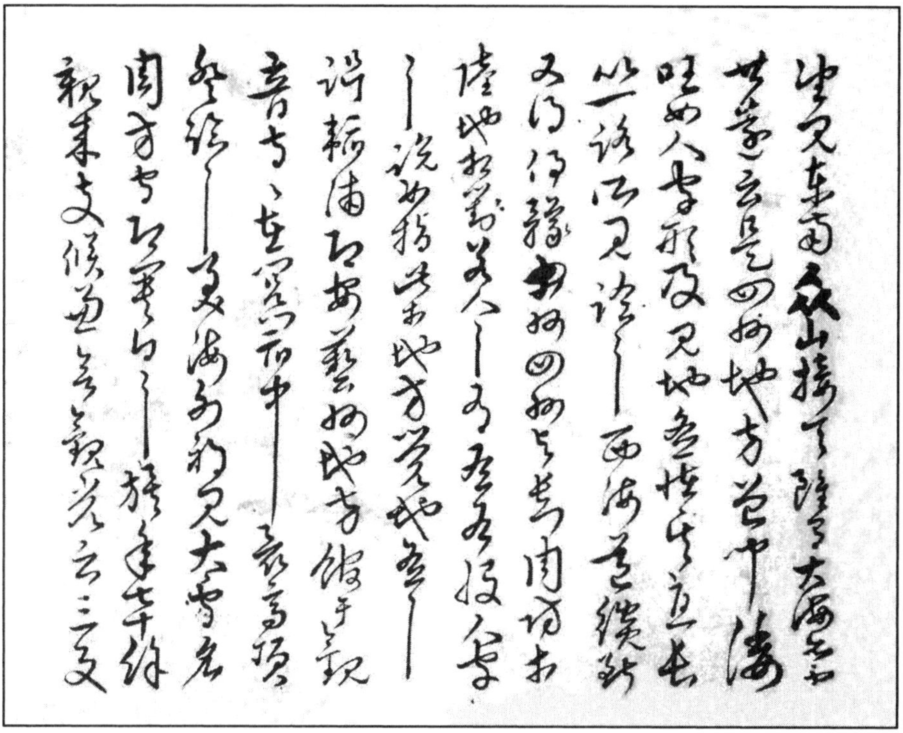

55

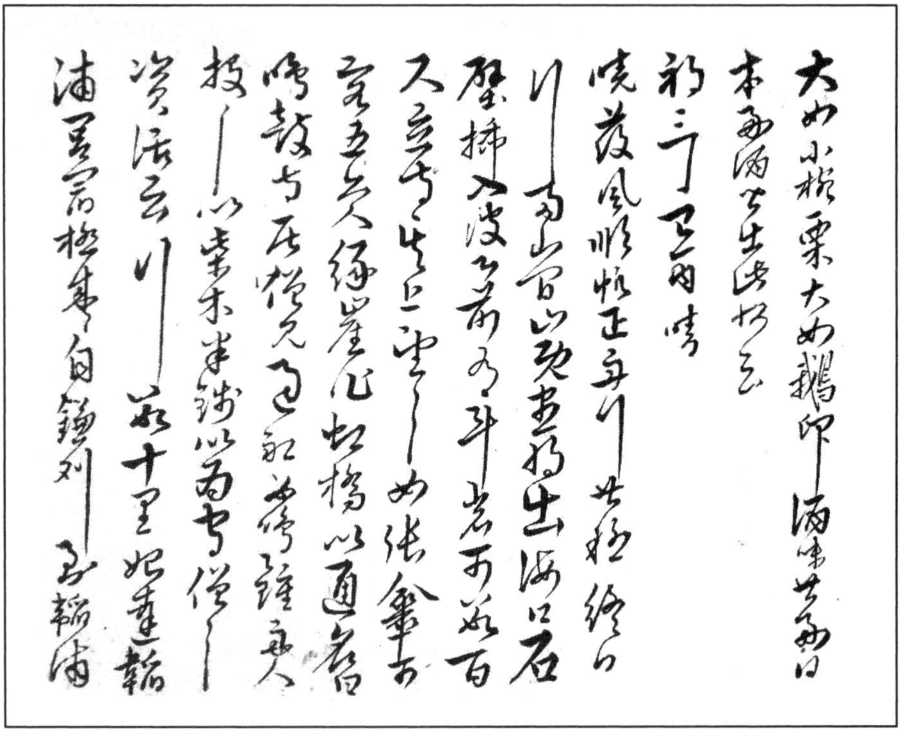

54

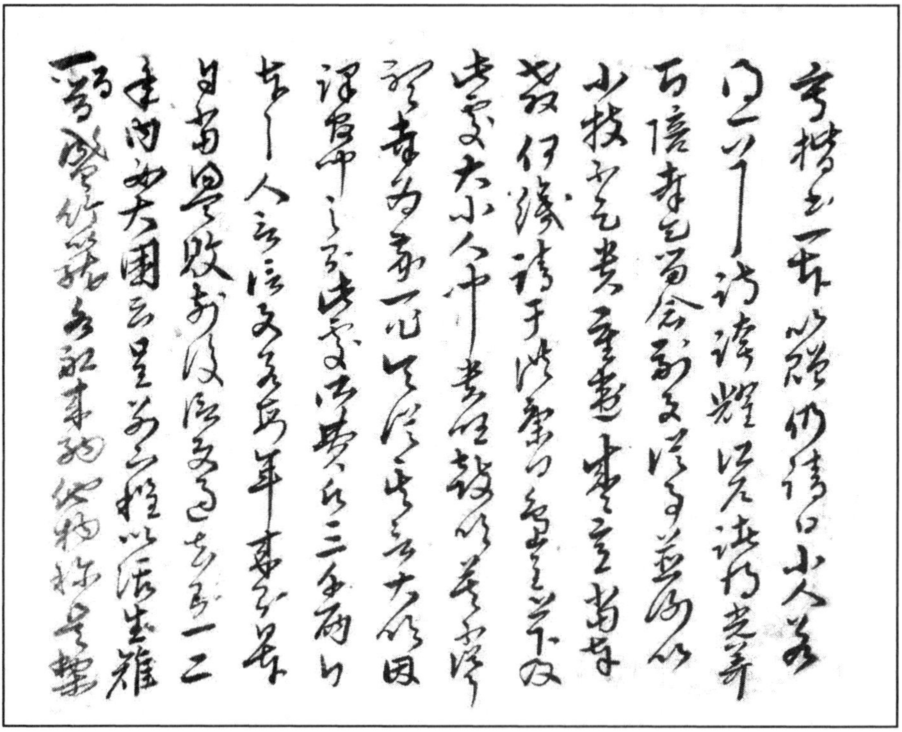

53

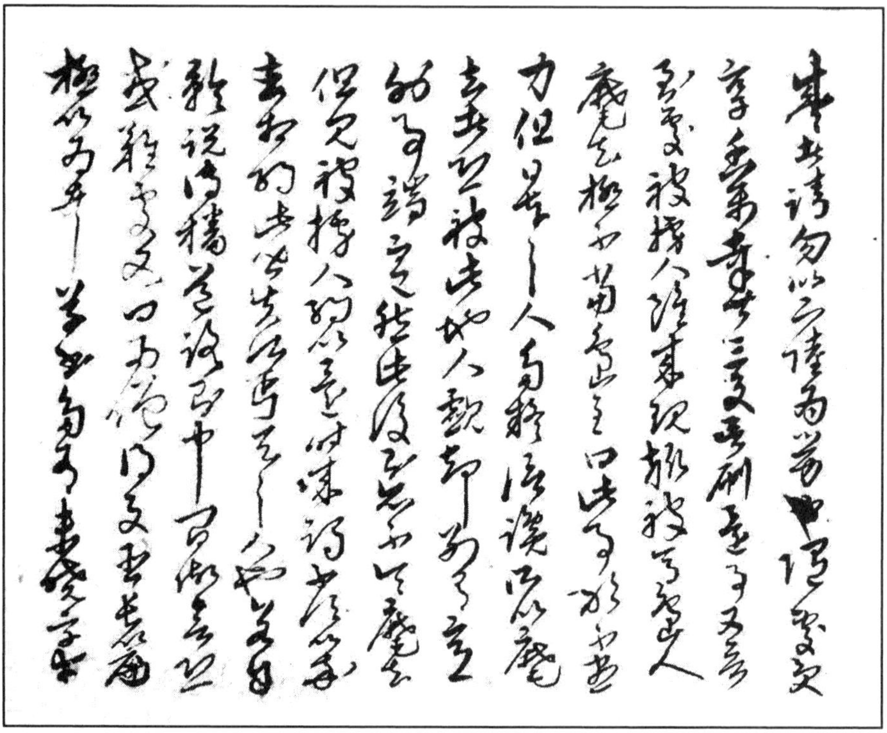

52

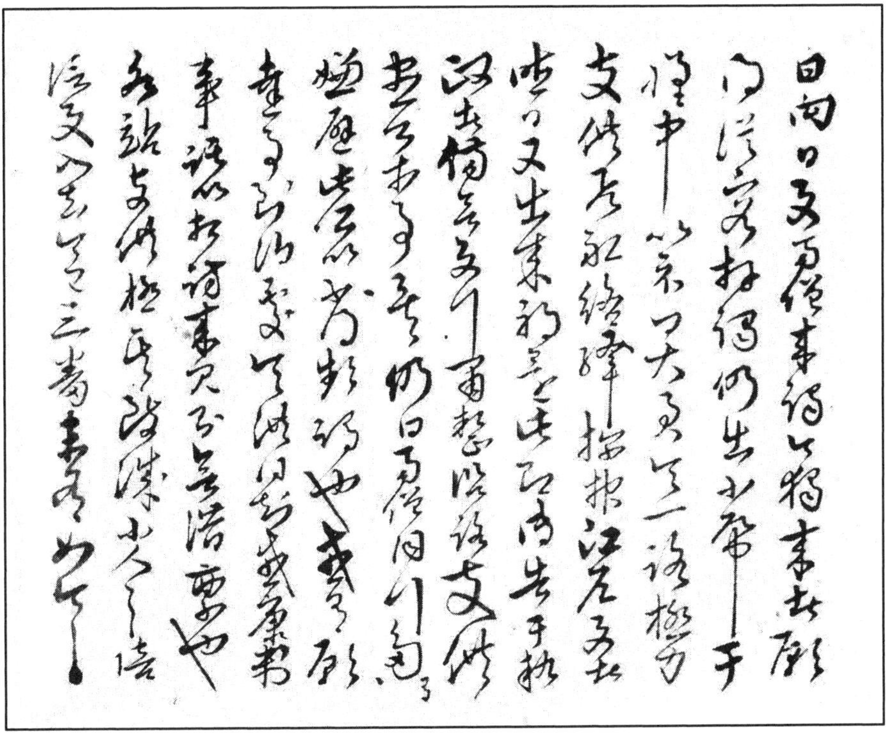

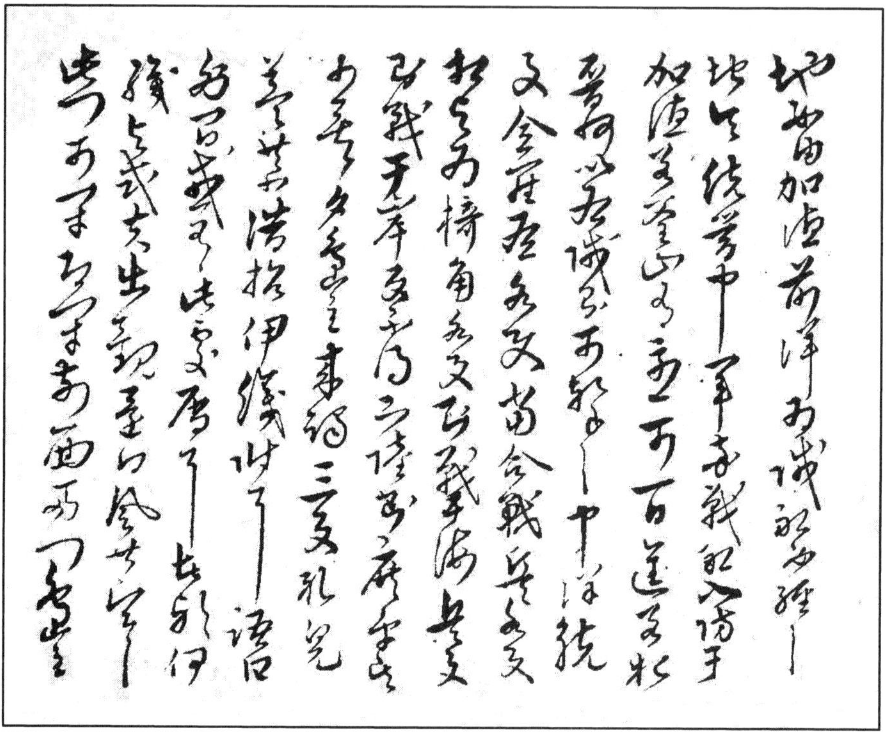

50

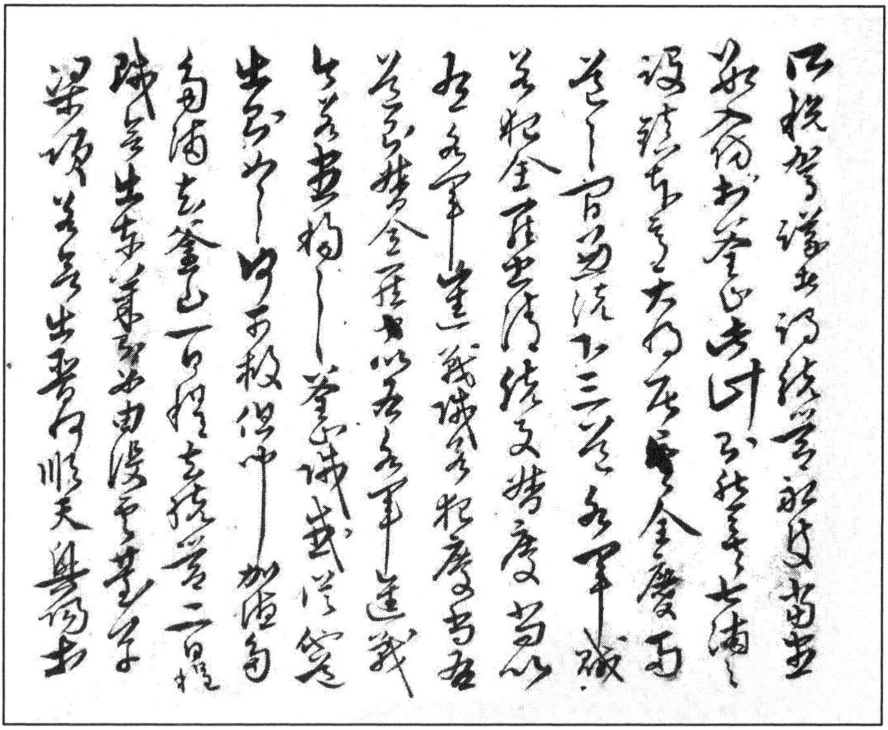

49

48

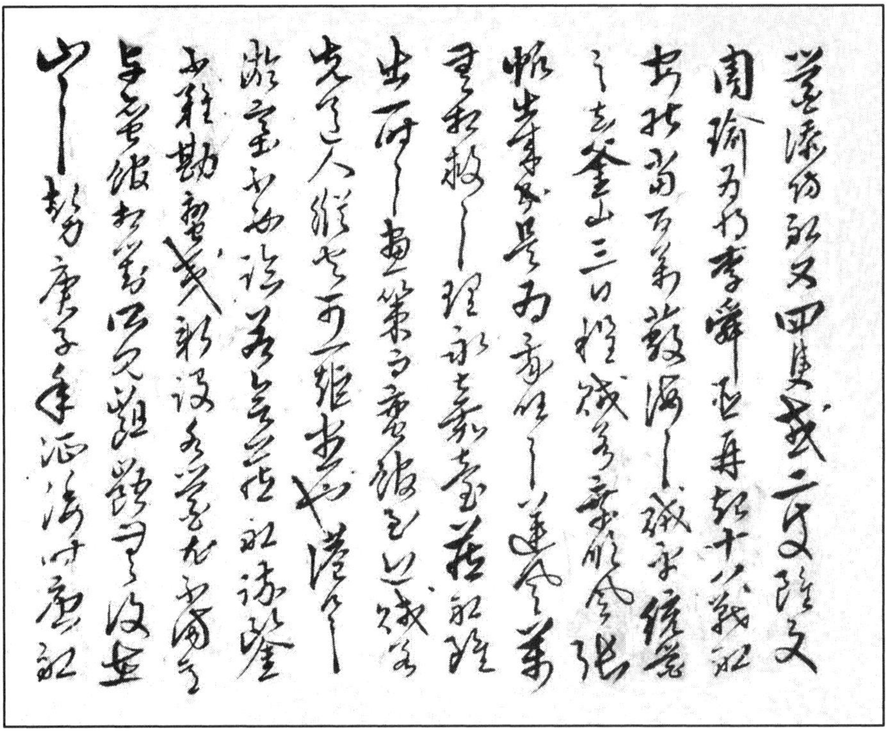

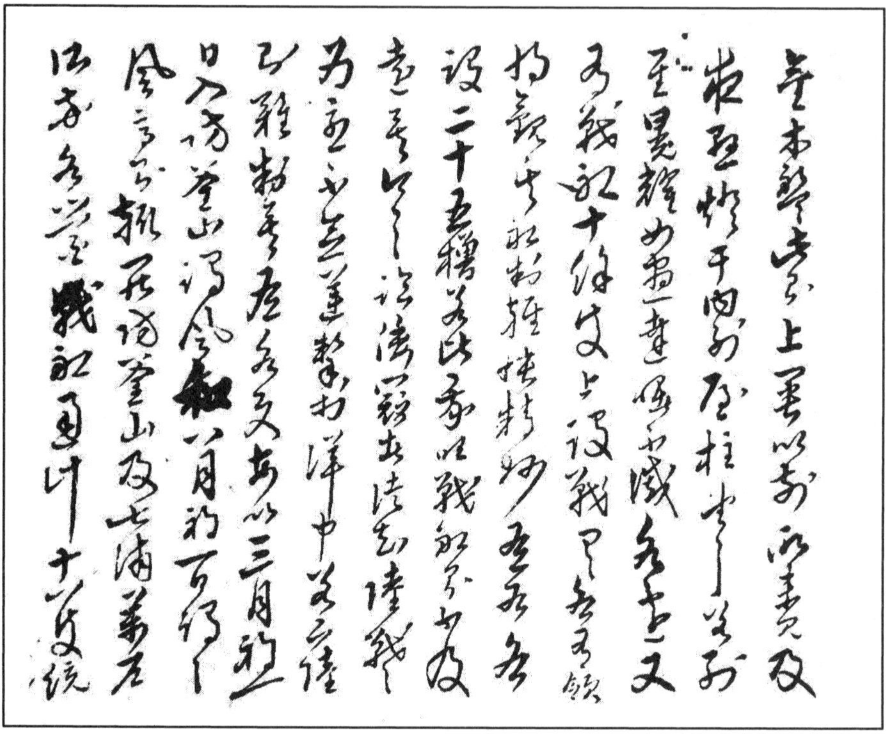

46

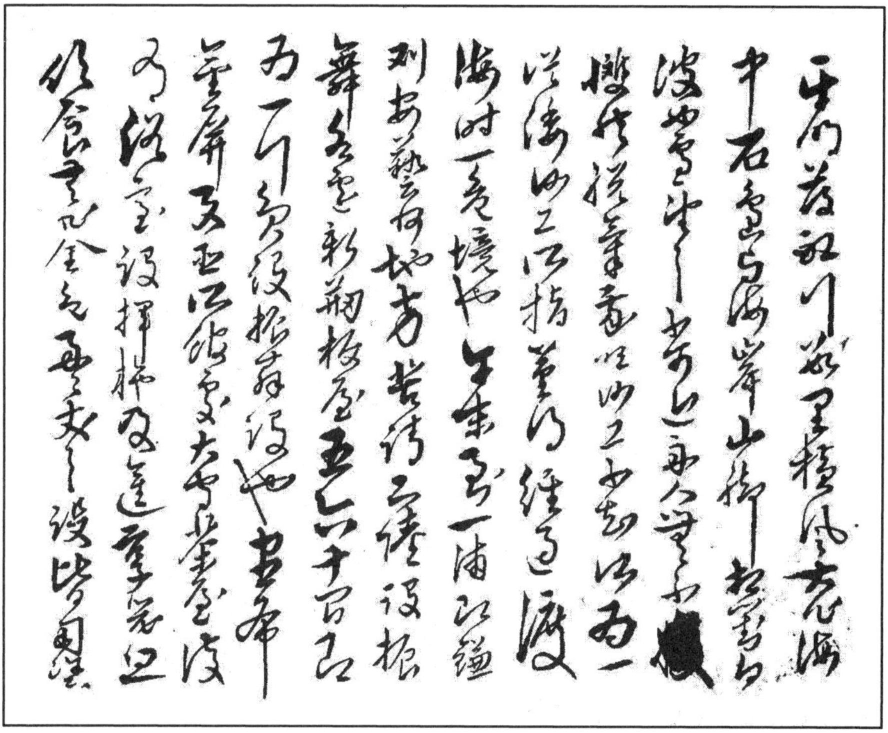

45

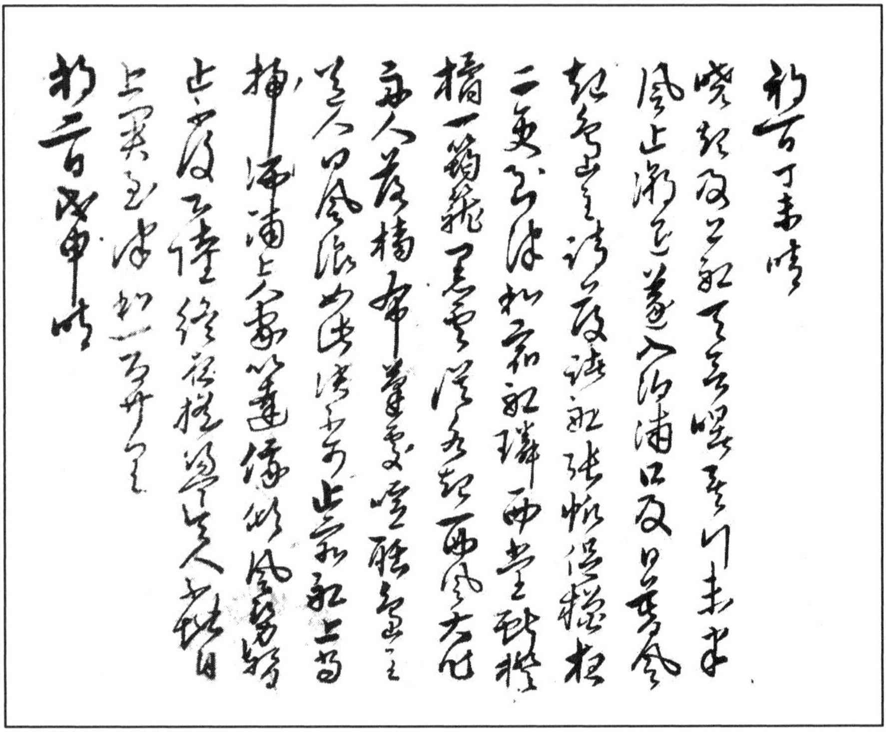

44

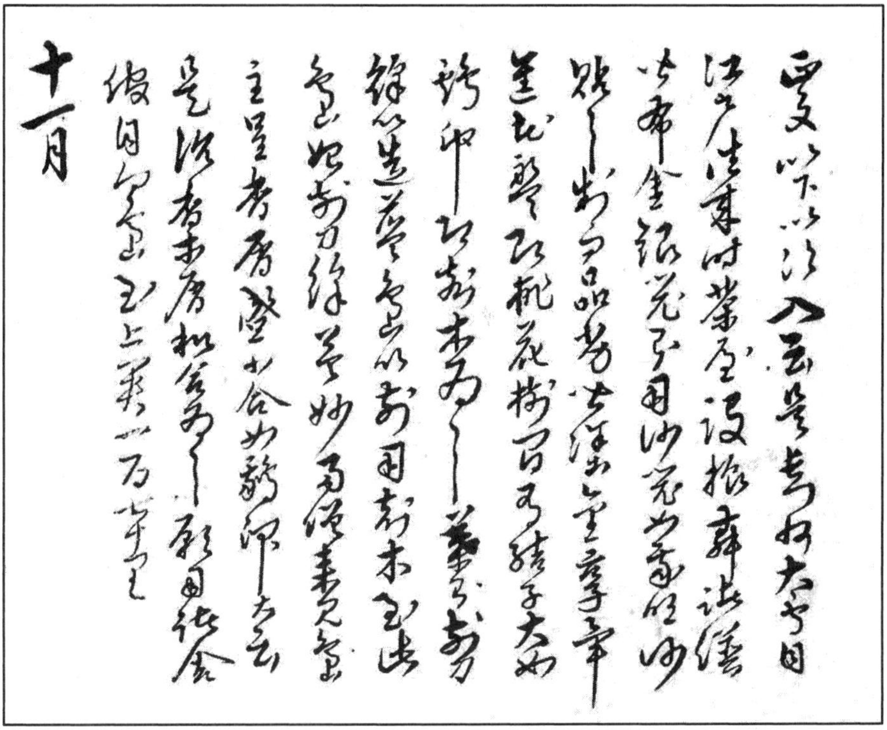

43

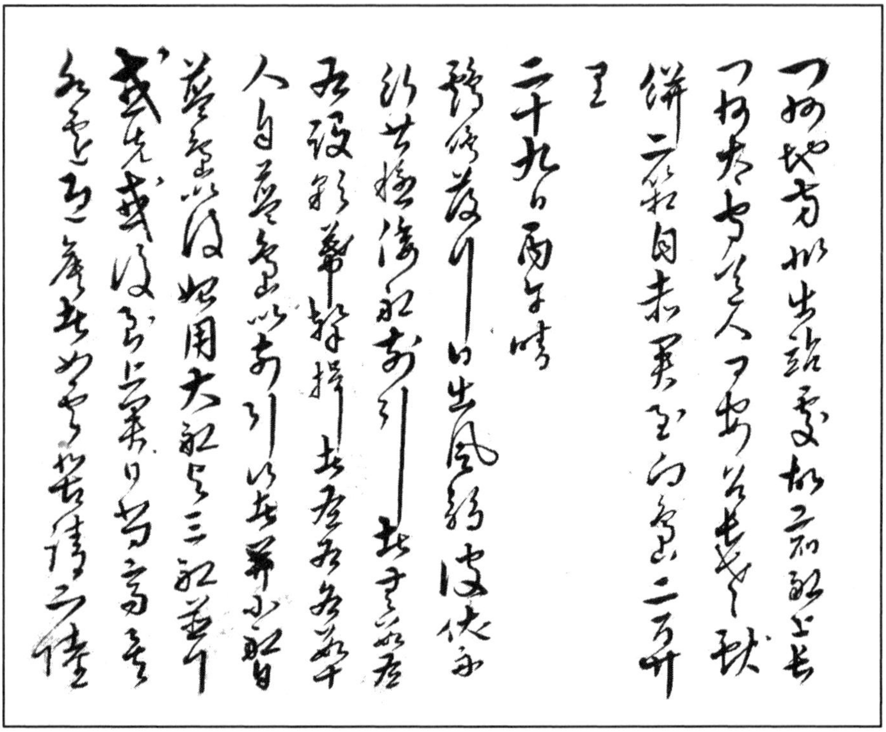

42

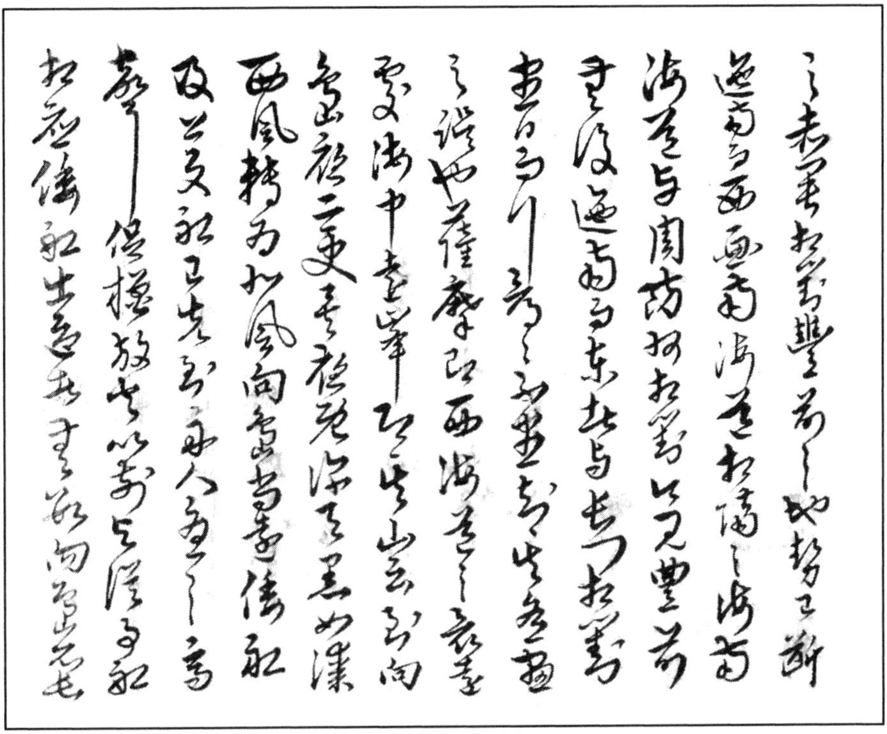

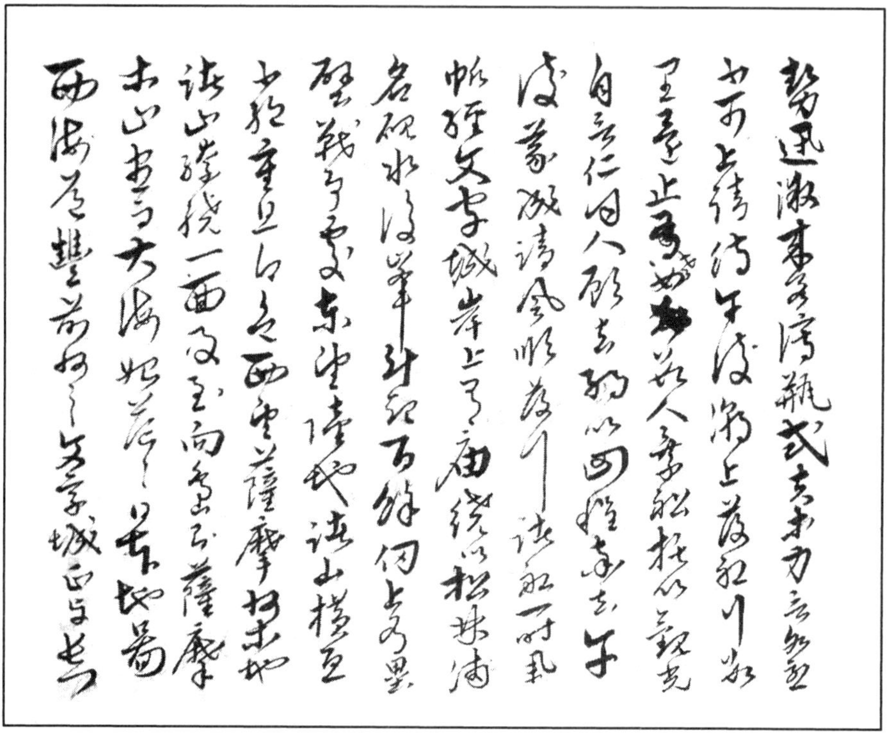

40

五千石他物稱〻是又渡日本海岸
〻有倭子神〻祠名安德天皇神
堂曰諸倭人言昔安德天皇爲
源賴朝所侵兵敗至於窮蹙
其祖母抱之入海溺死七八宮女數人
投海而死國人哀之爲立祠以祭云
自藍島至赤間關三百卅里自此
始爲日本陸地自藍島至此雖無雲
霧而三大海波濤無甚難險自
此緯而難渡
二十八日停一日而上船浦邊留
文字城與赤間關相對亦有樓矣

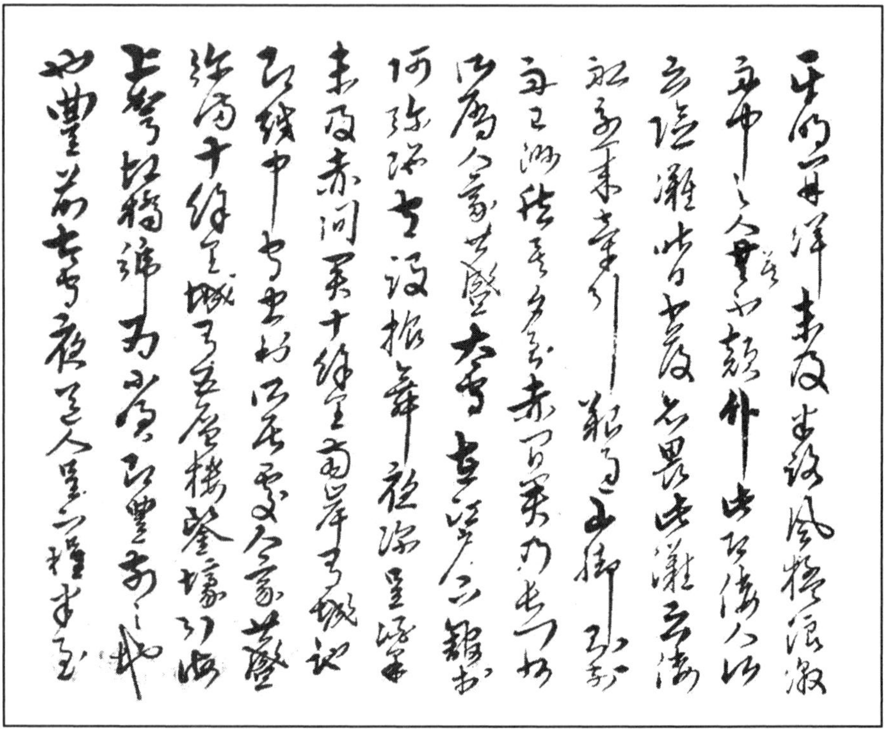

38

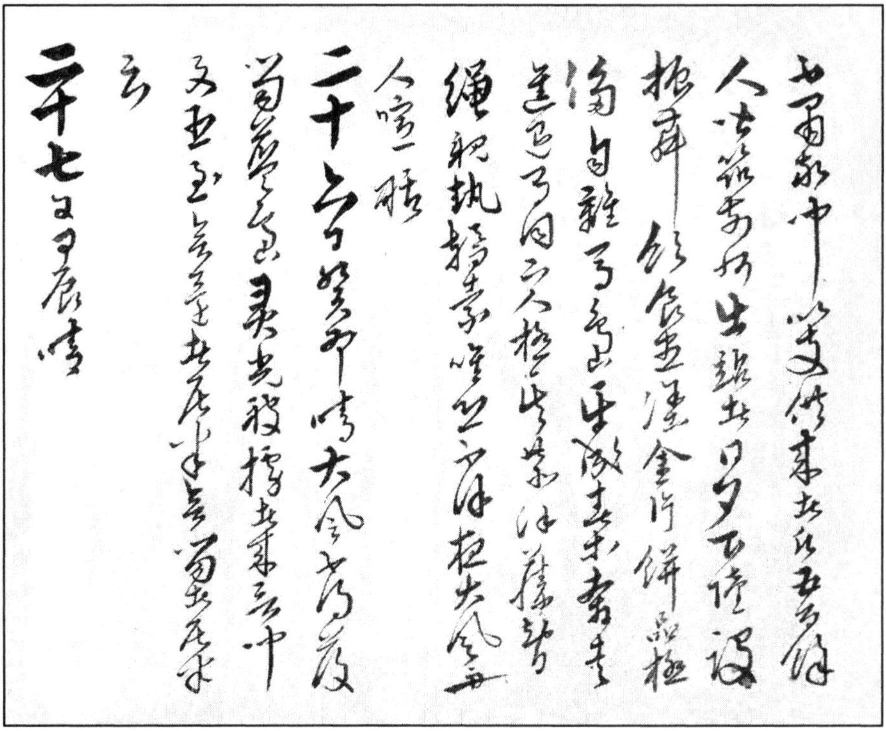

37

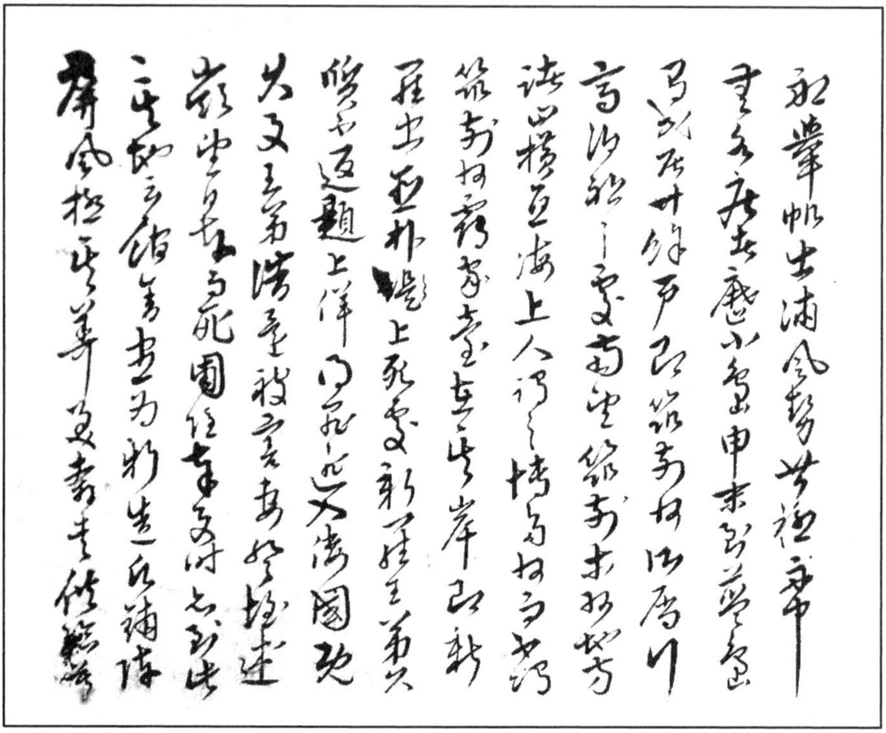

36

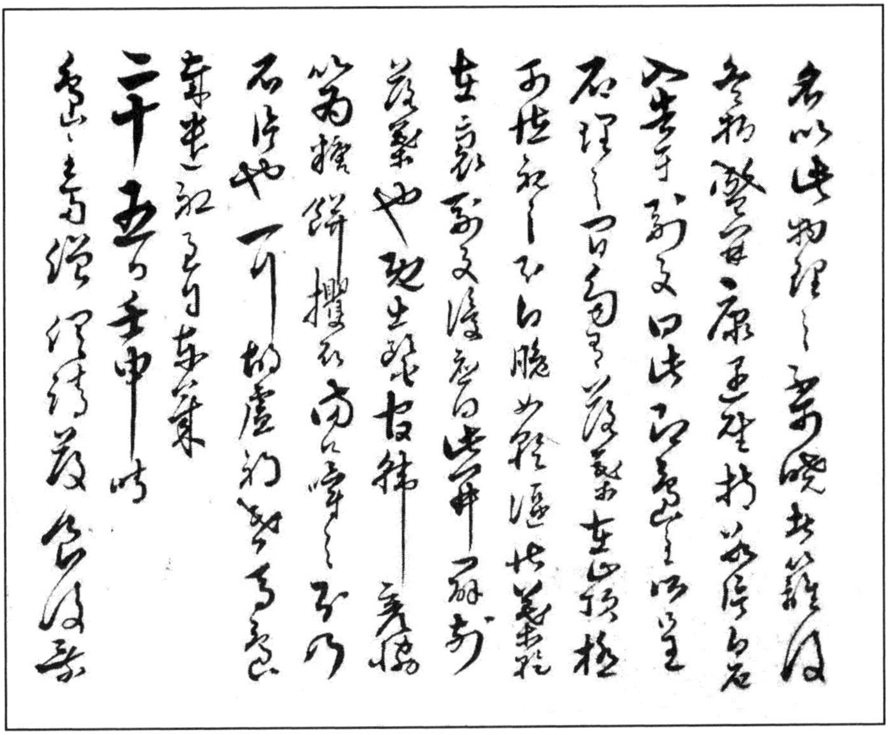

35

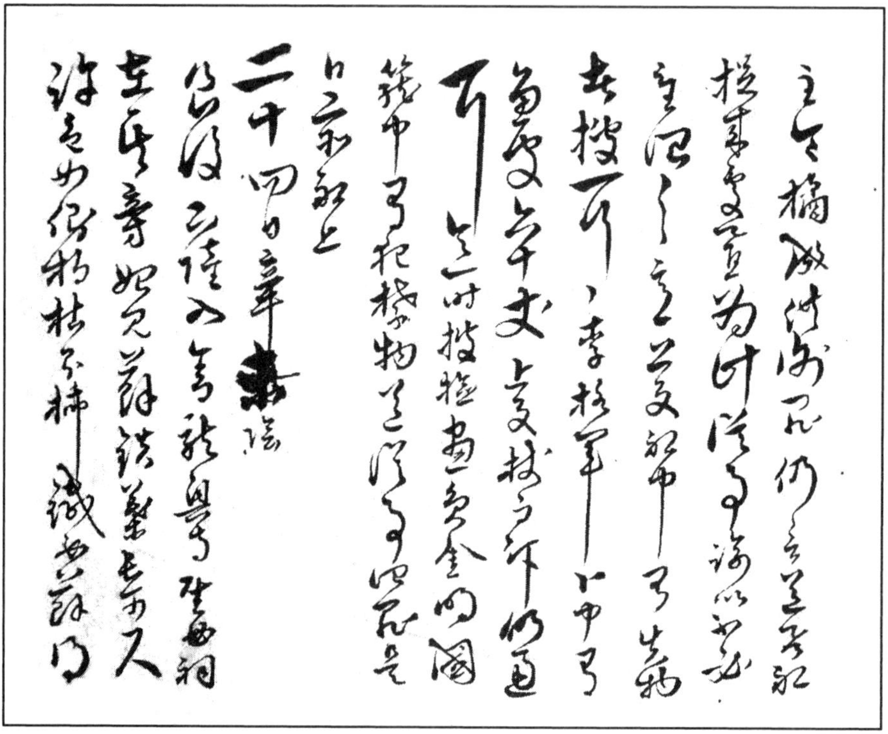

34

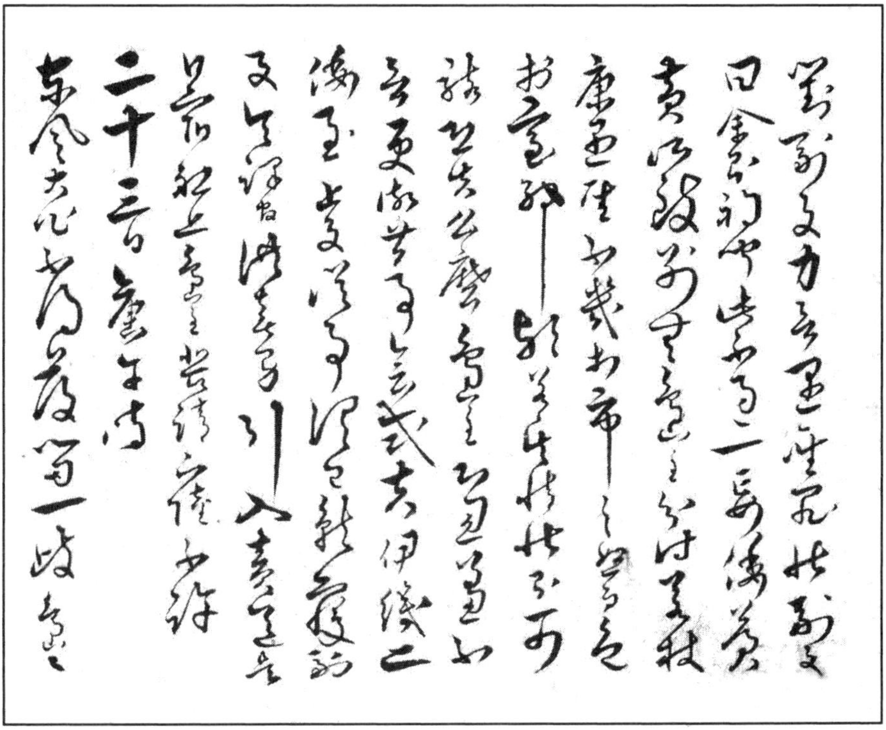

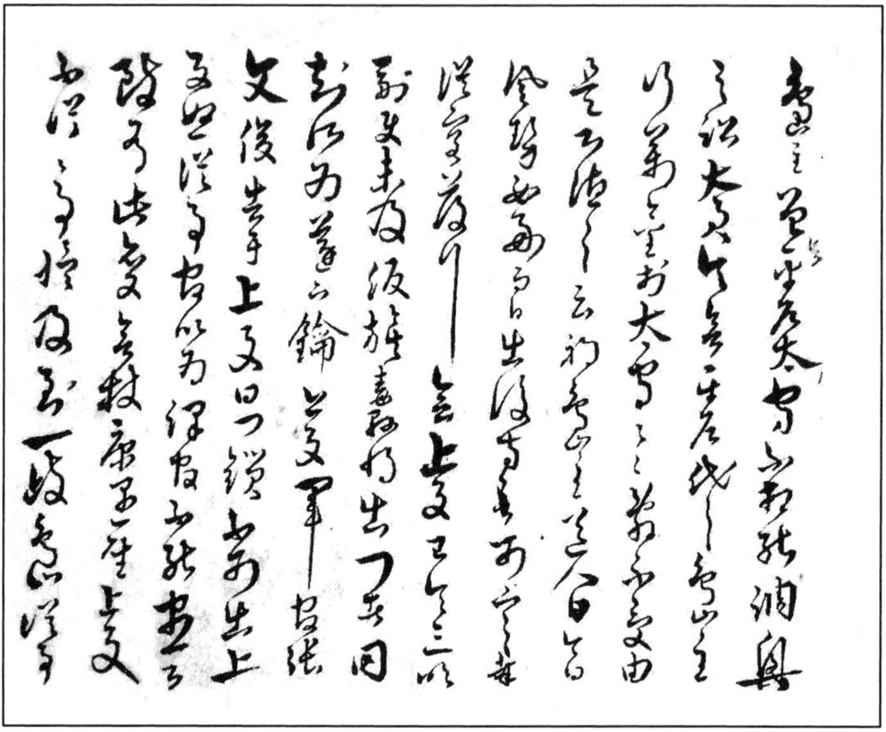

32

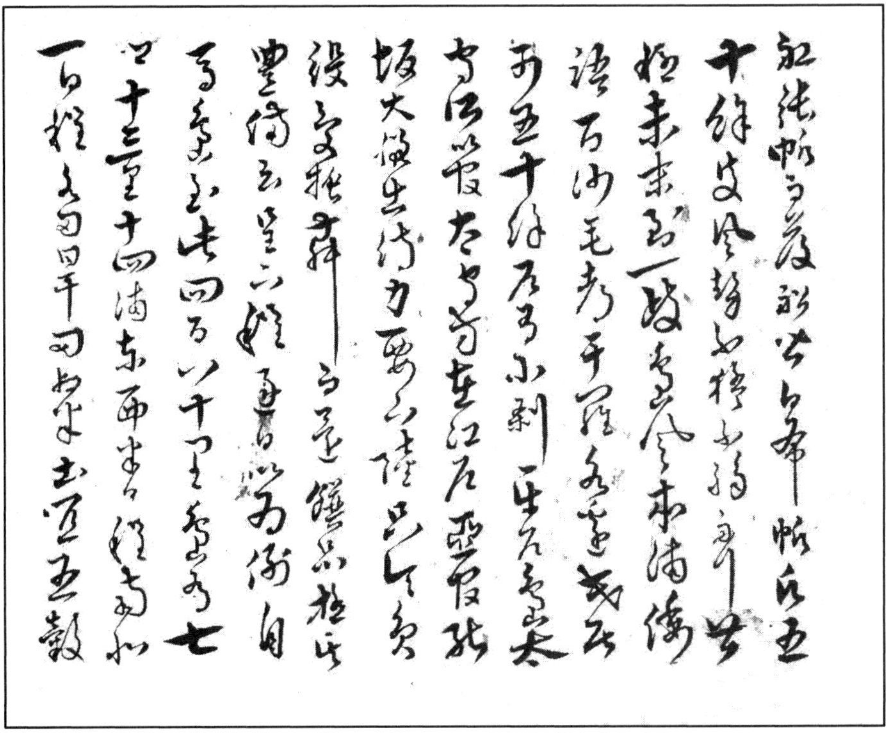

31

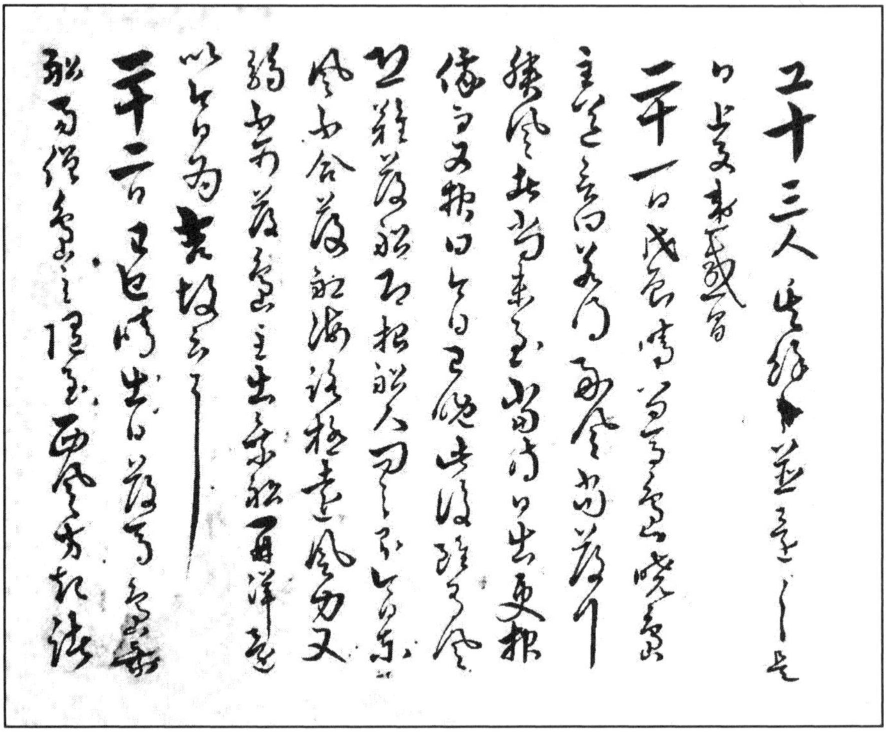

30

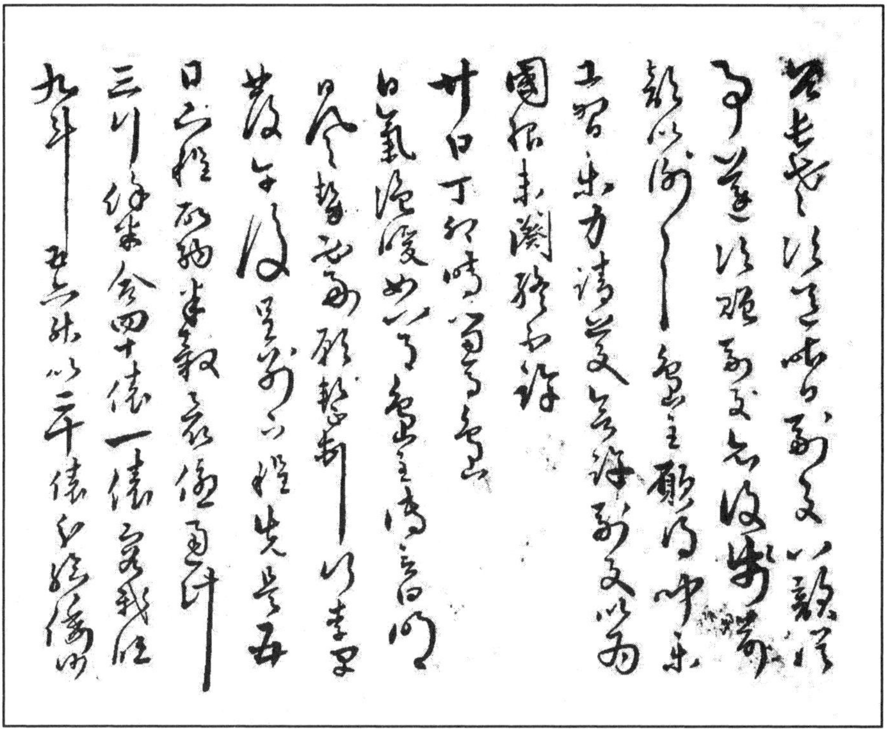

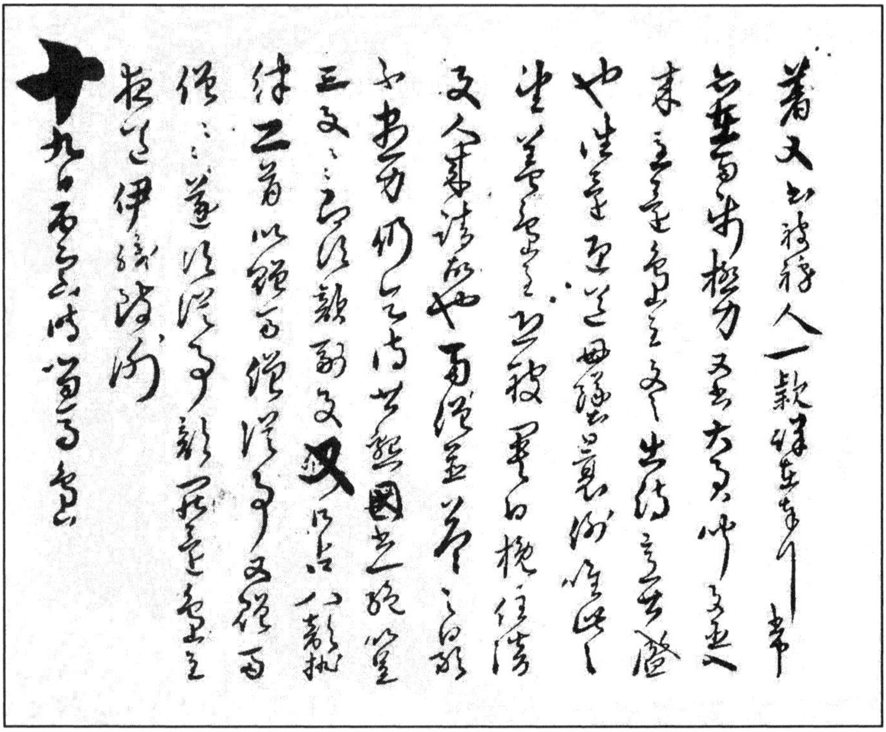

28

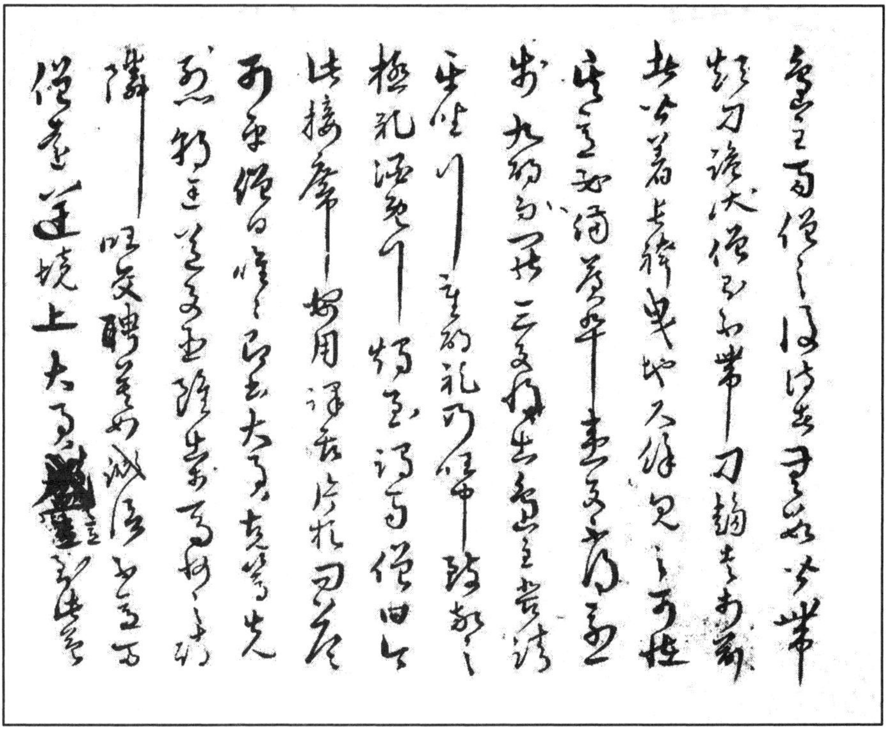

27

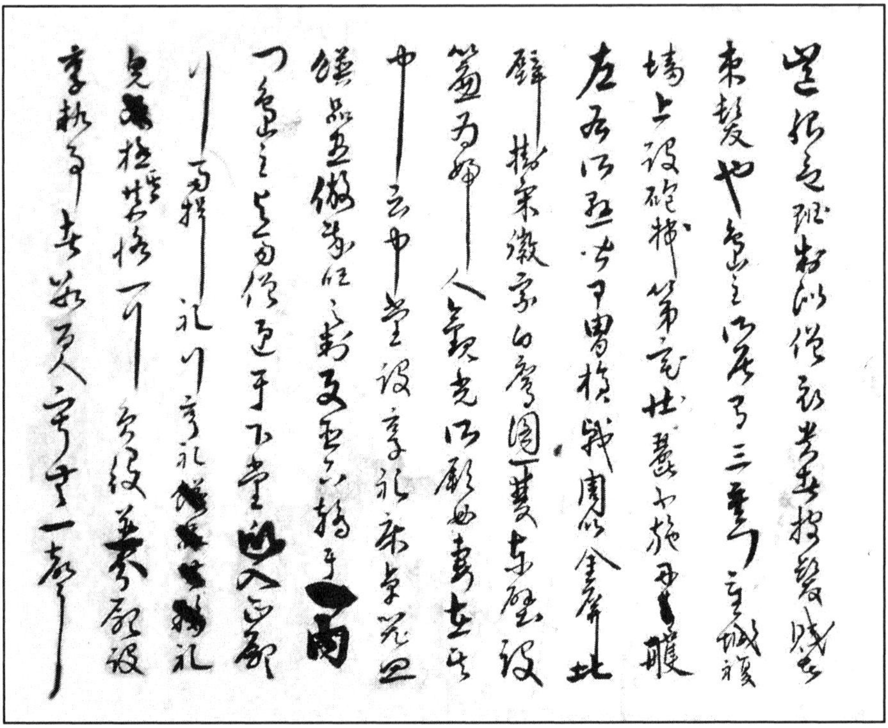

26

十七日早晴留馬島
島主呈[illegible]橘一夫 是夕[illegible]
大風達夜 節——[illegible]八
九月[illegible]
十八日[illegible]晴留馬島
[illegible]大風[illegible]先是[illegible]
主請[illegible]三[illegible]
[illegible]以出[illegible]人[illegible]
[illegible]
小[illegible]出一[illegible]——[illegible]
首[illegible]乃[illegible]——人[illegible]
雜[illegible]

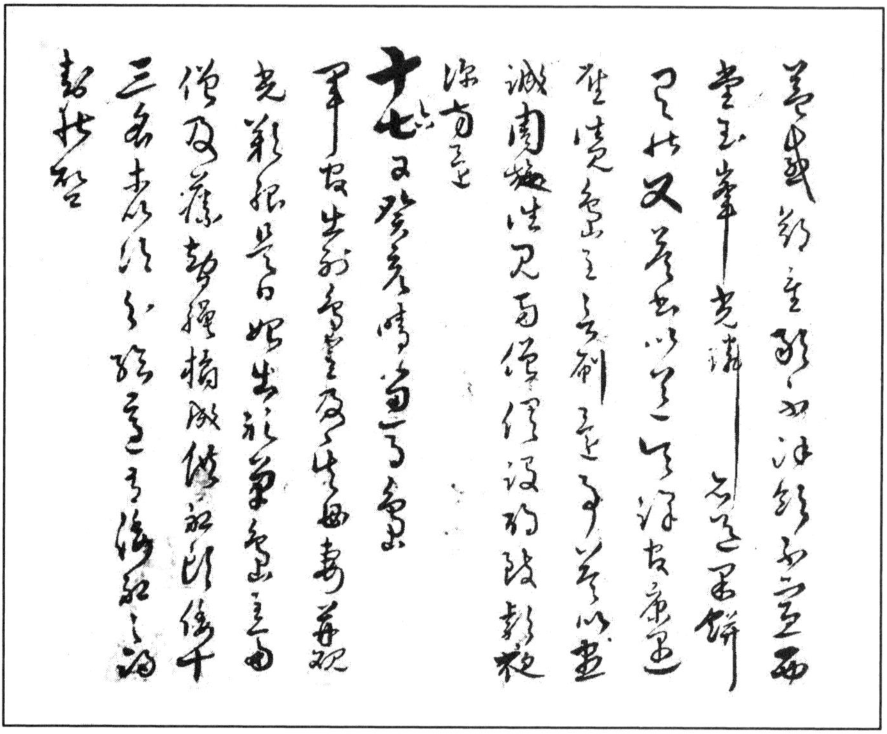

24

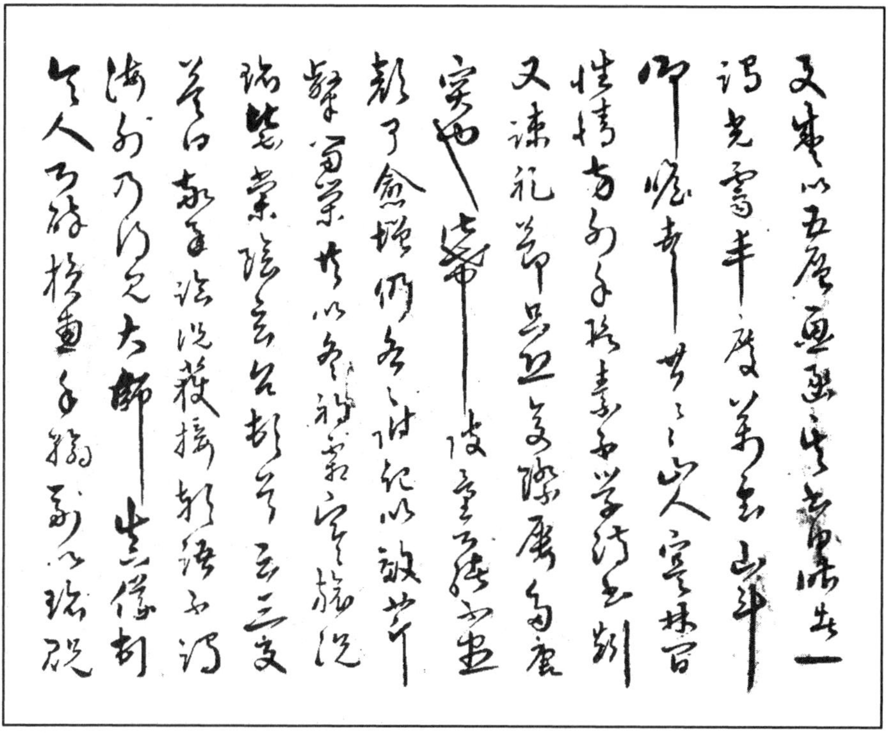

23

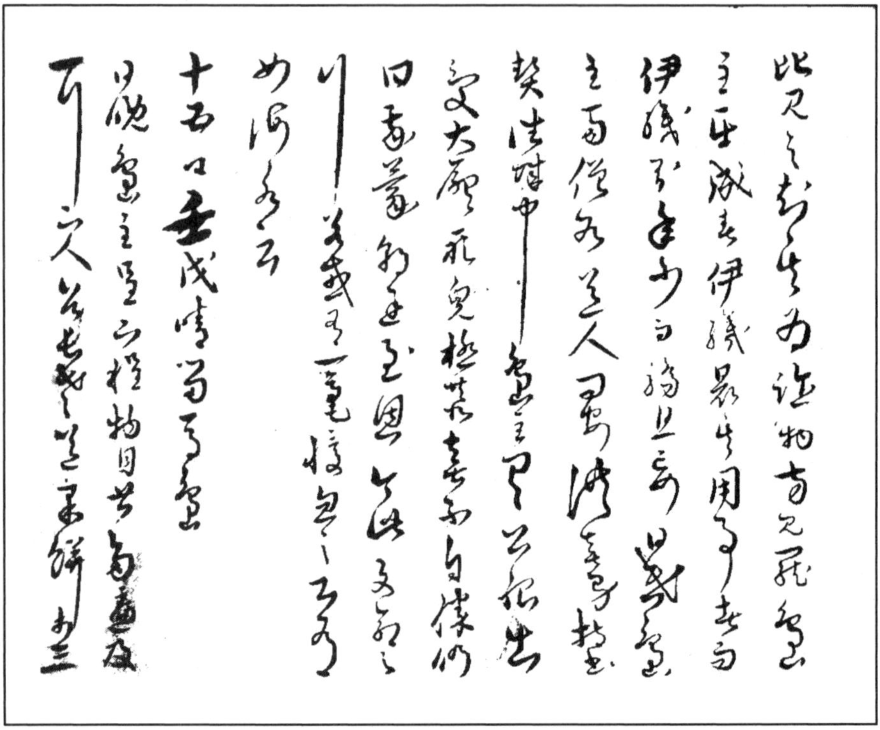

22

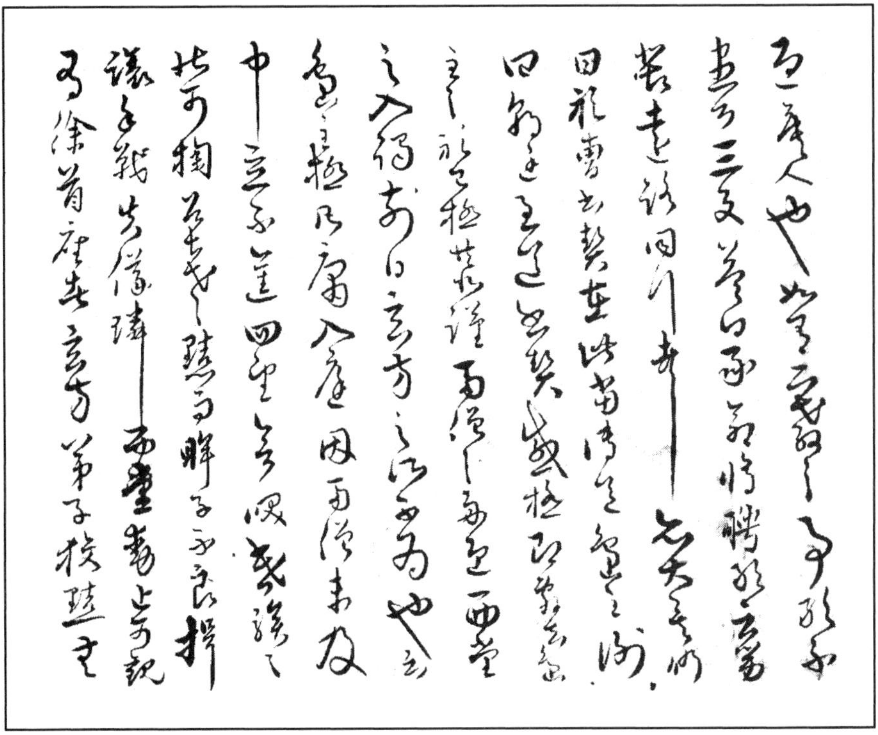

21

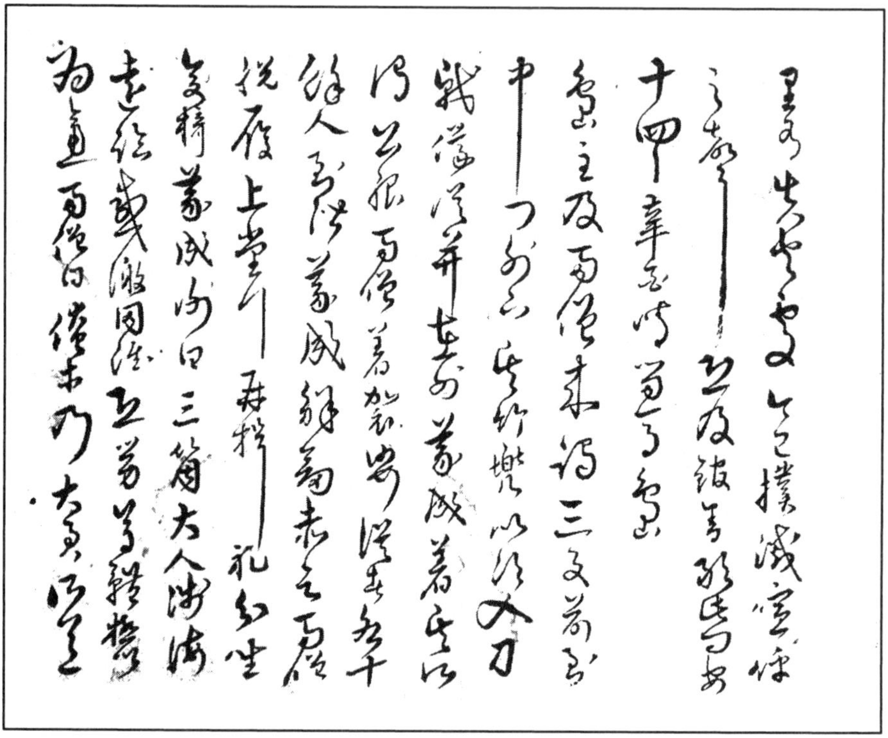

20

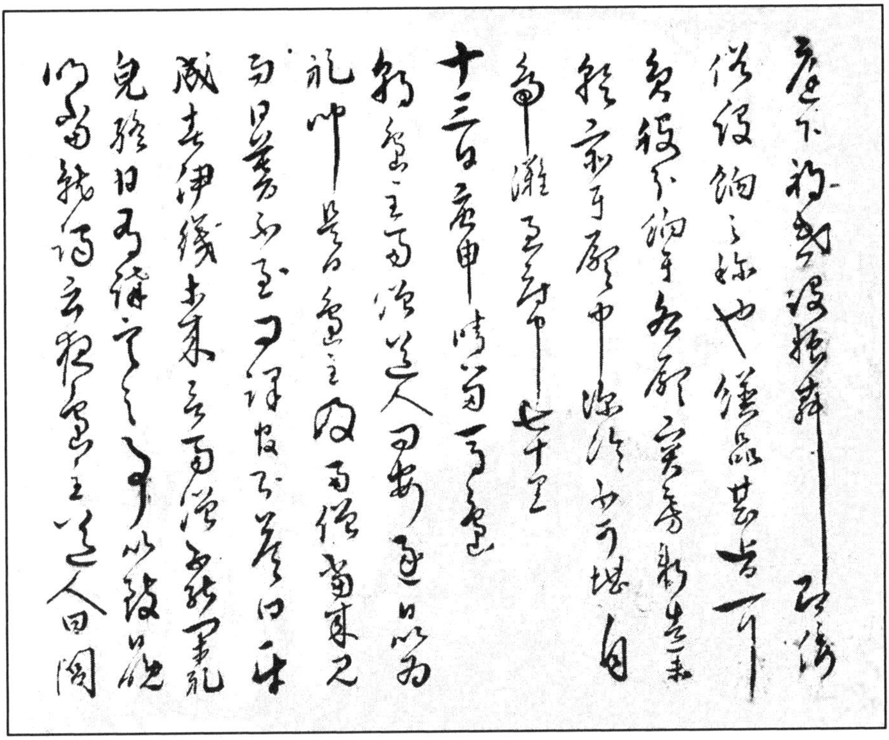

19

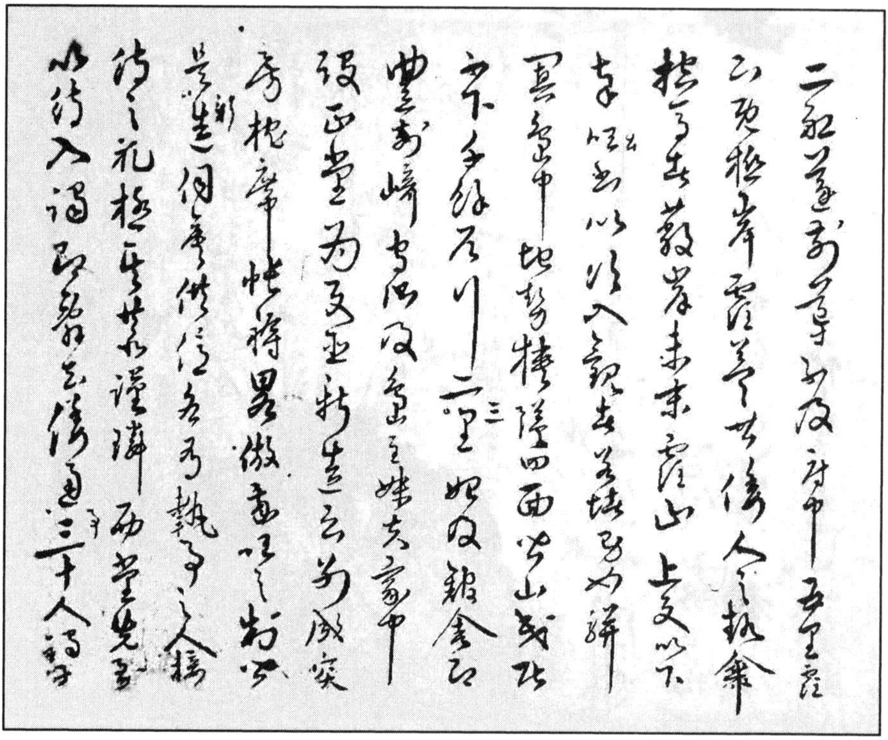

18

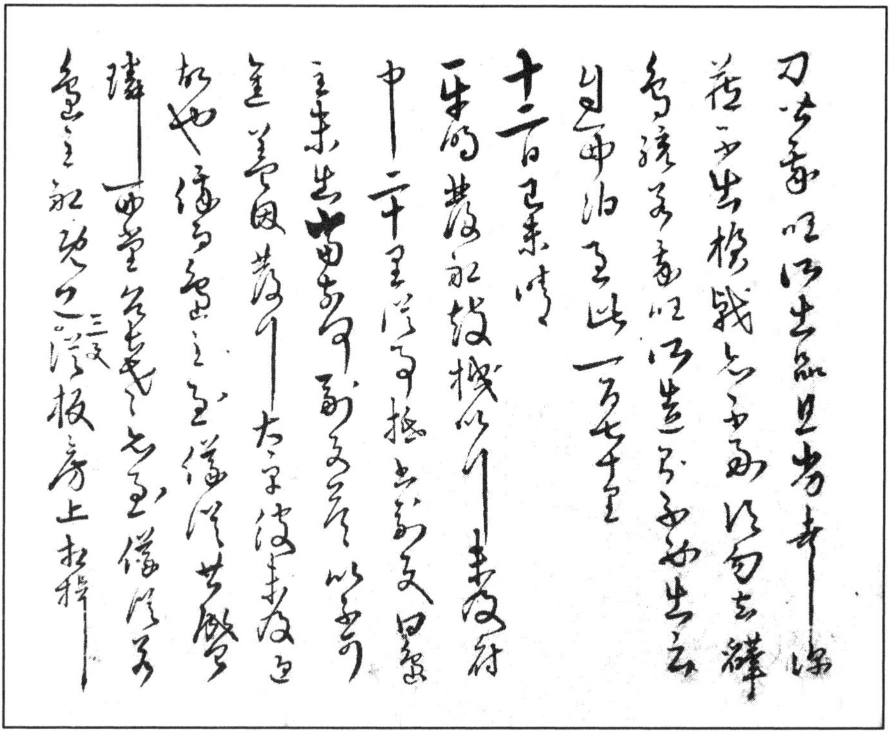

17

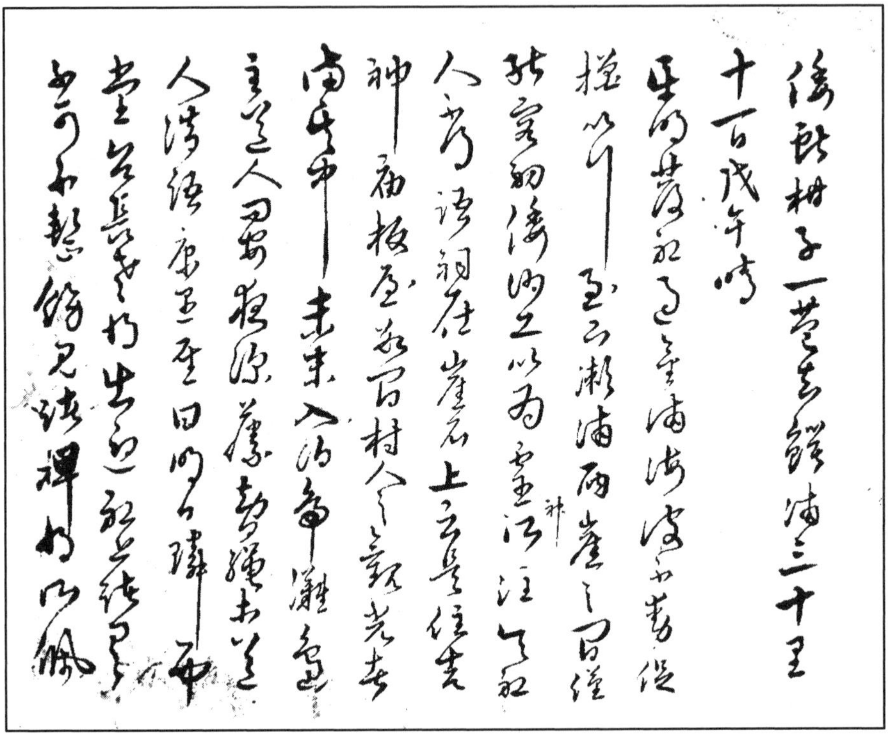

16

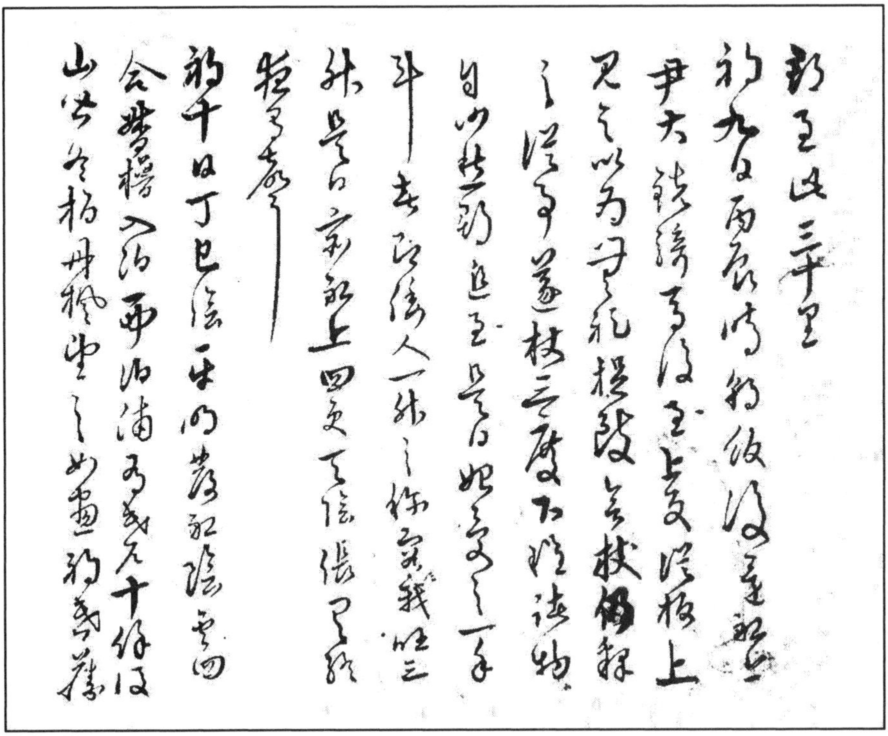

15

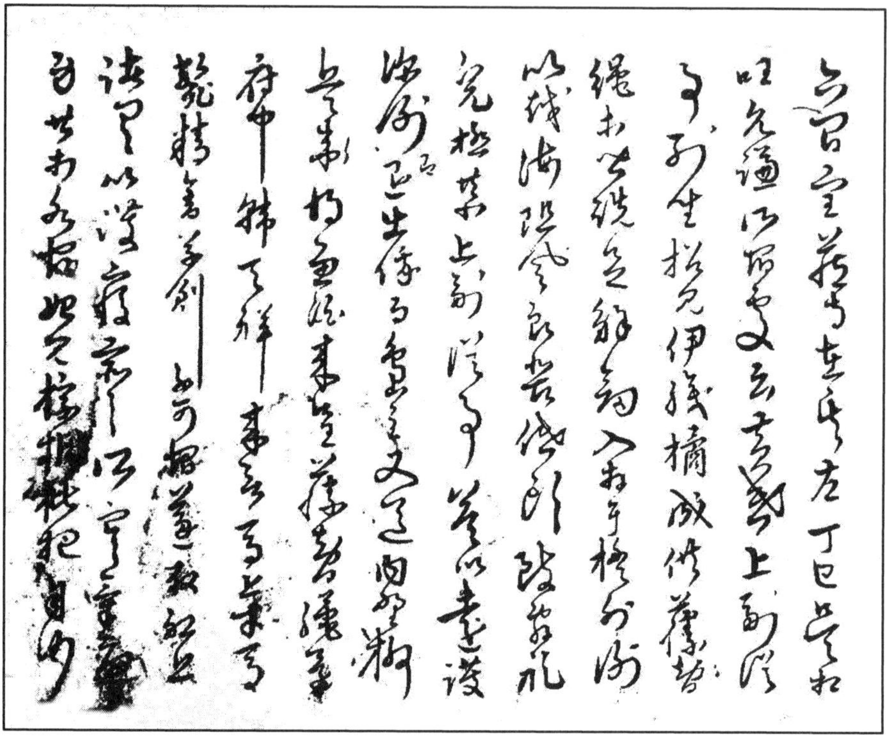

14

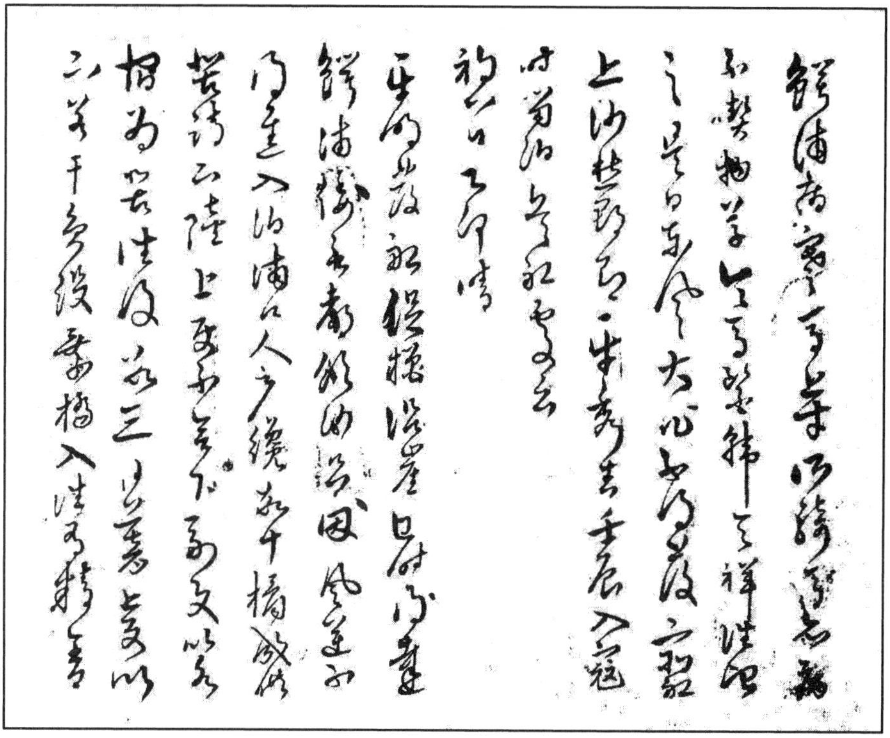

13

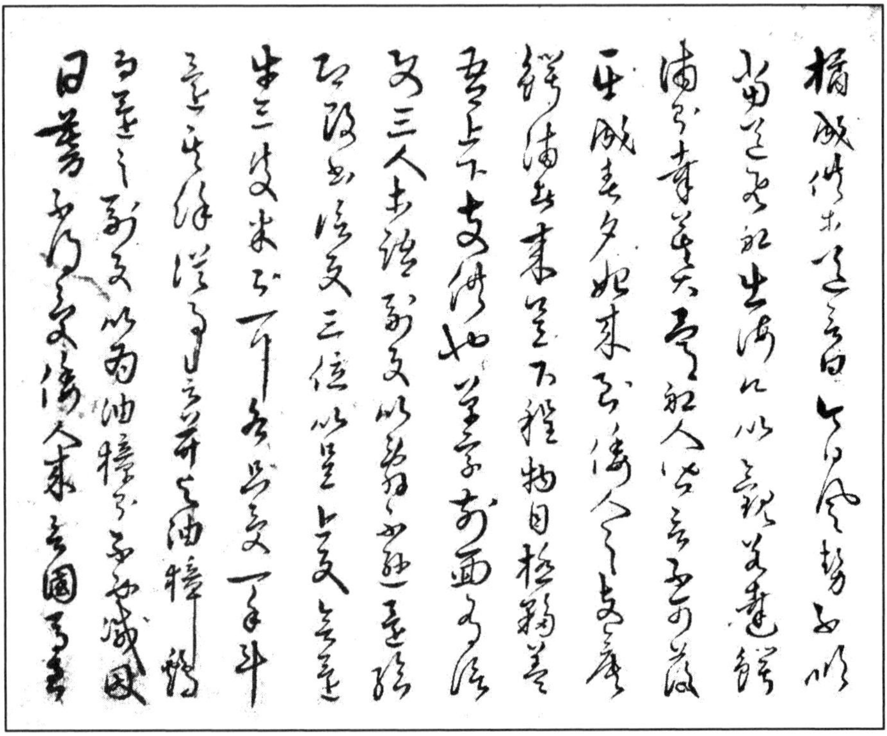

12

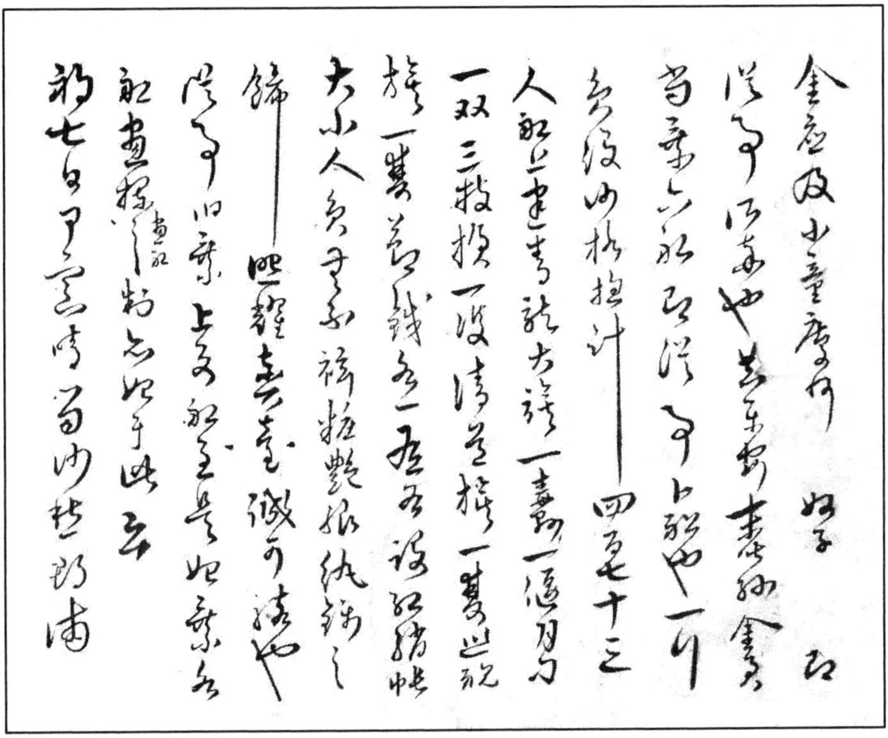

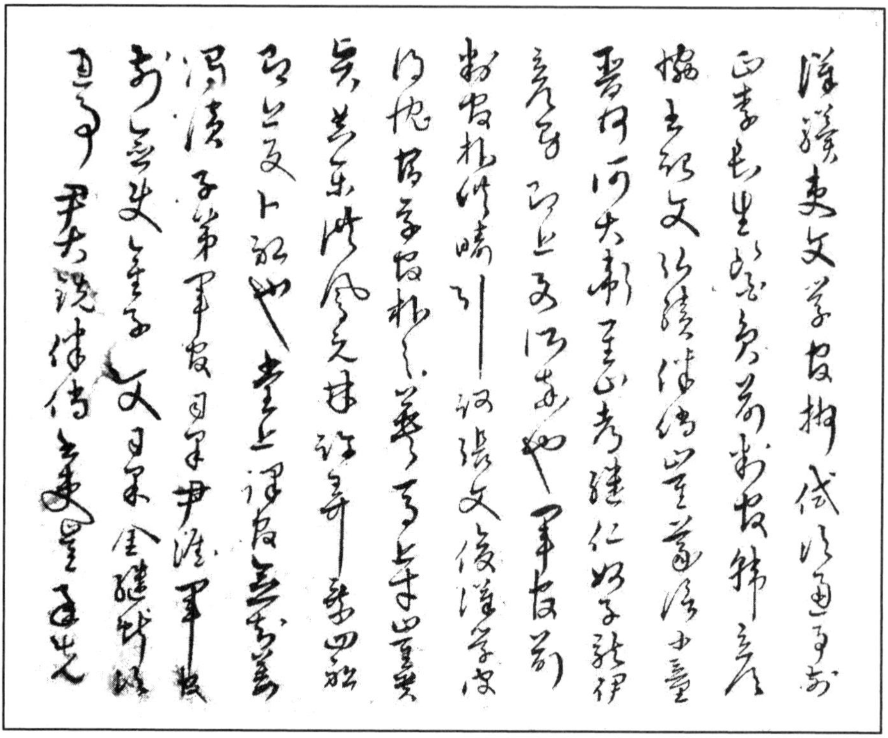

10

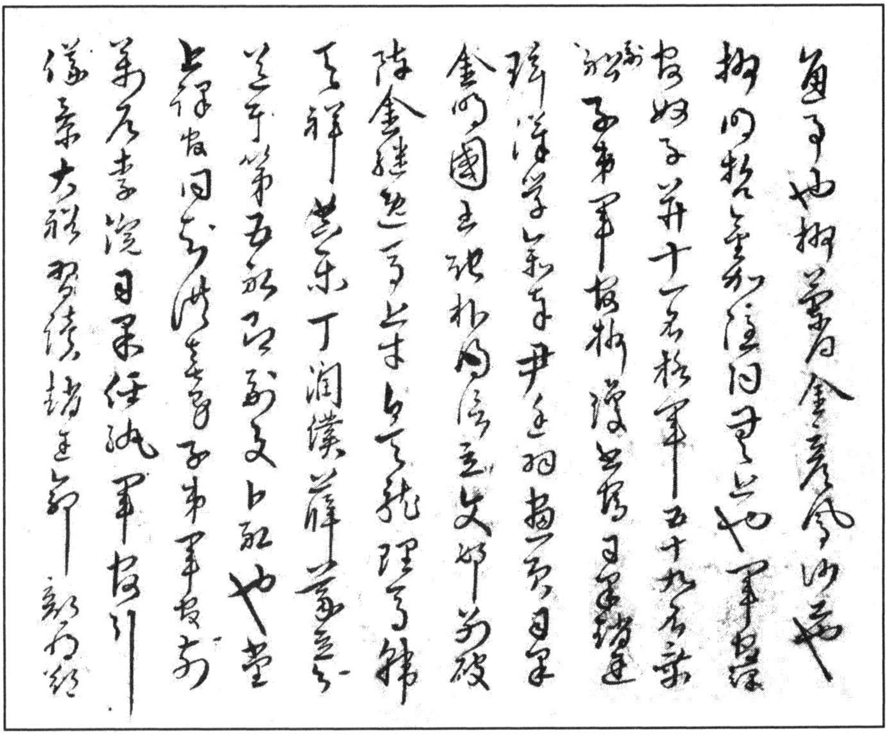

09

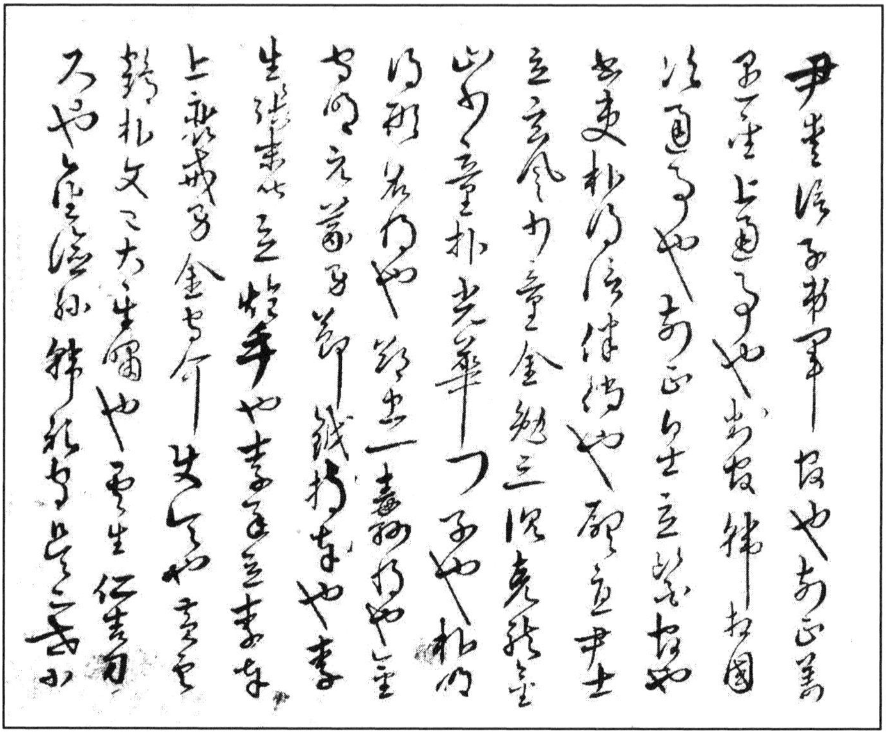

08

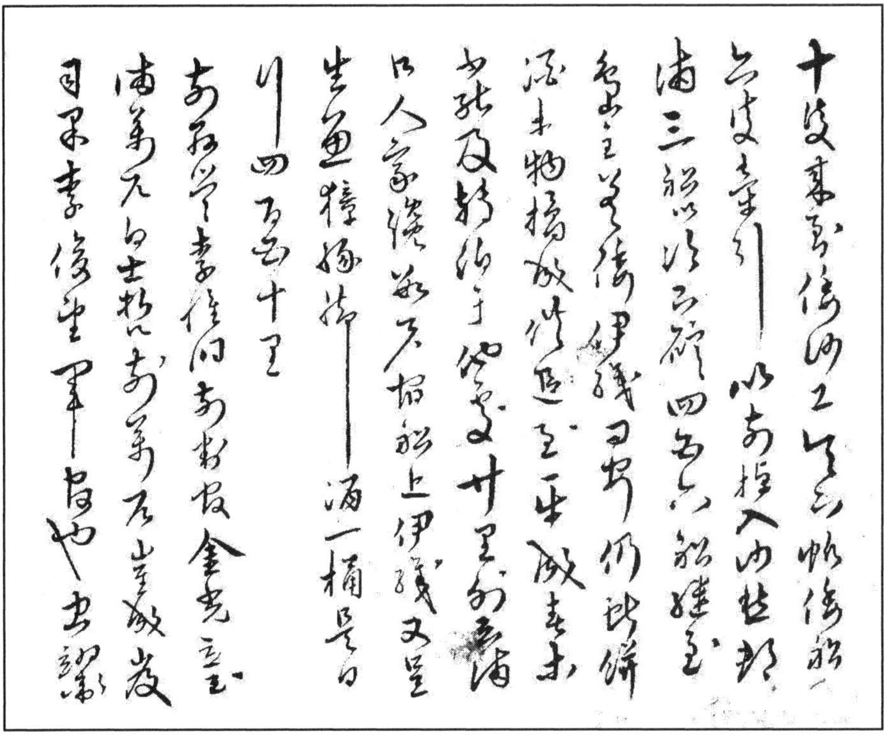

07

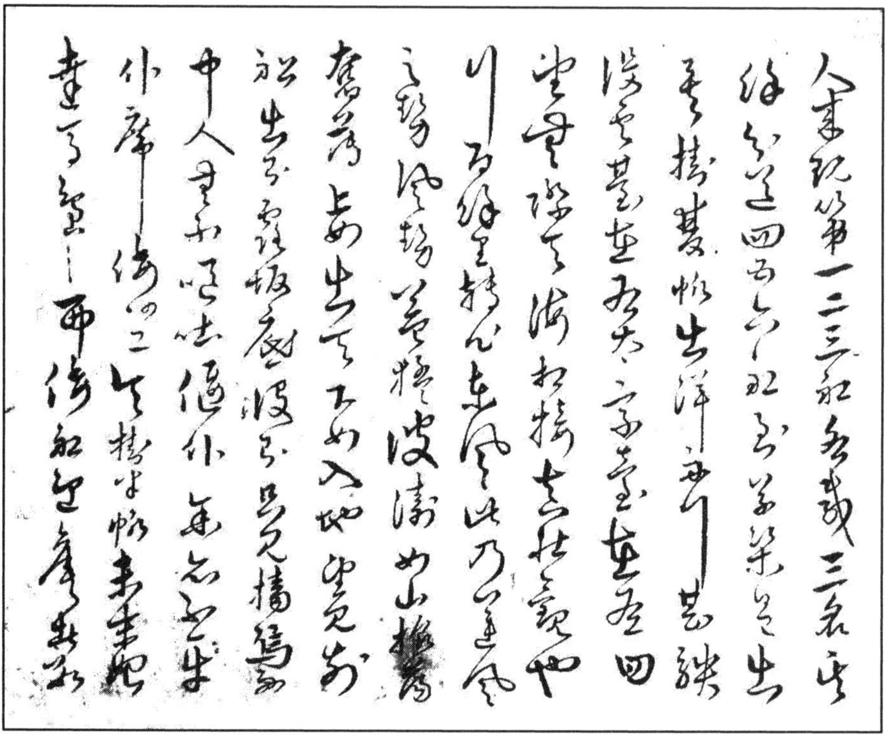

06

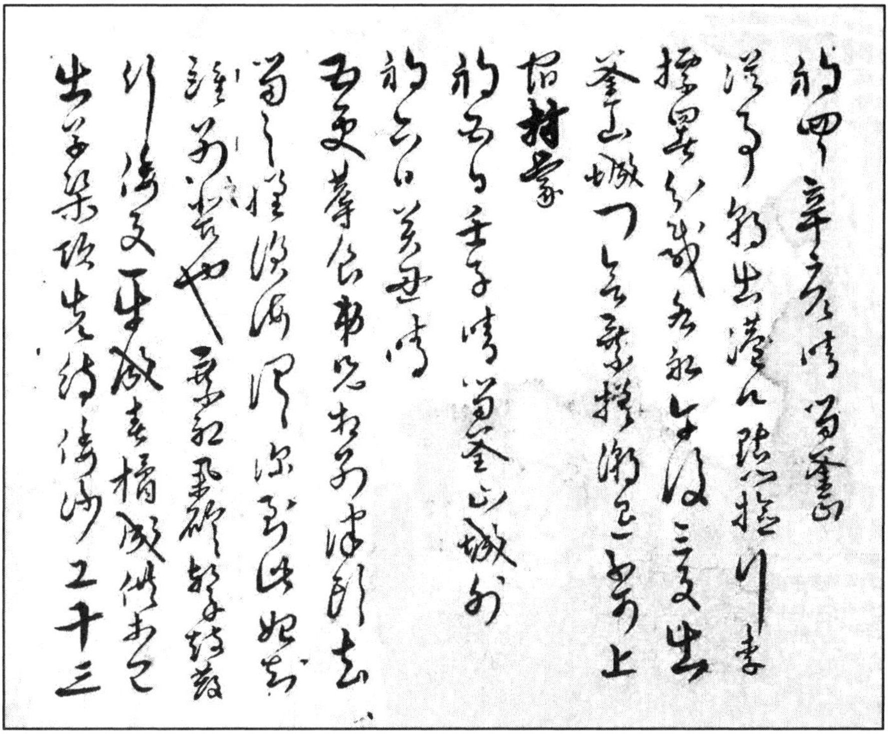

05

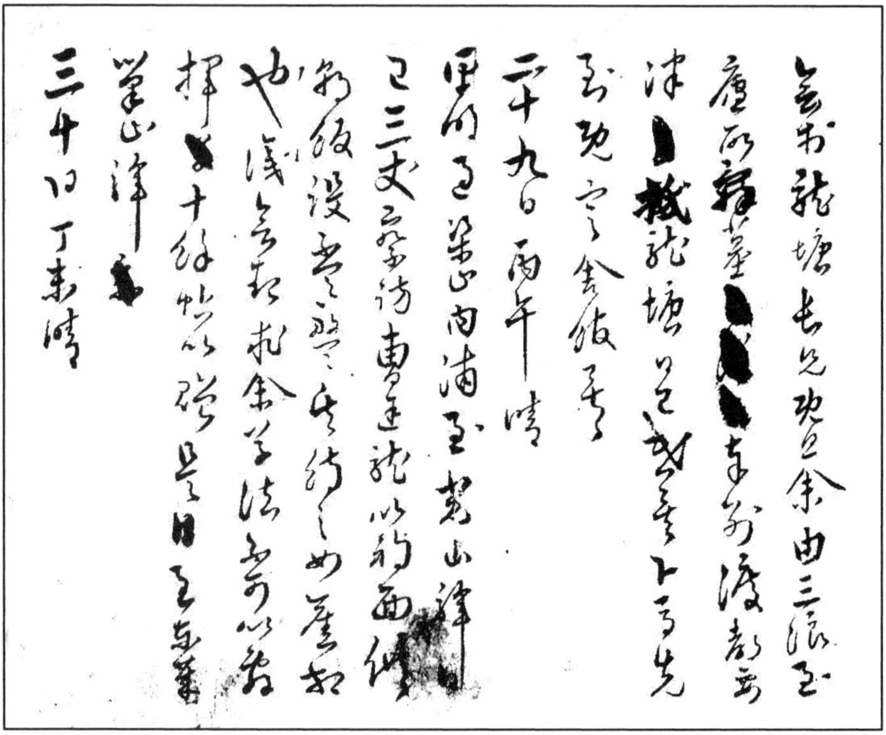

04

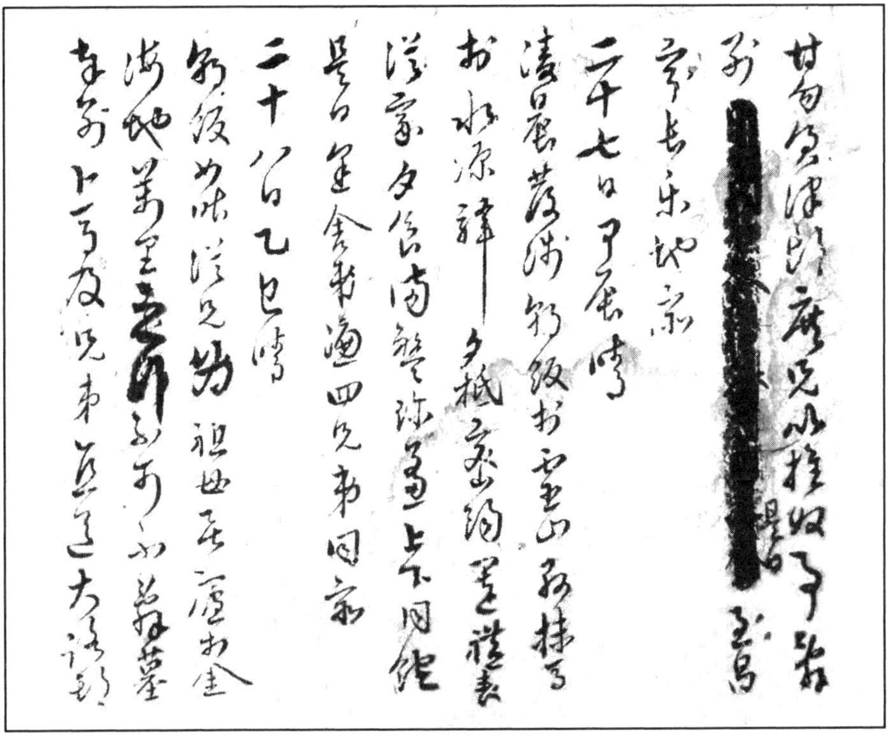

03

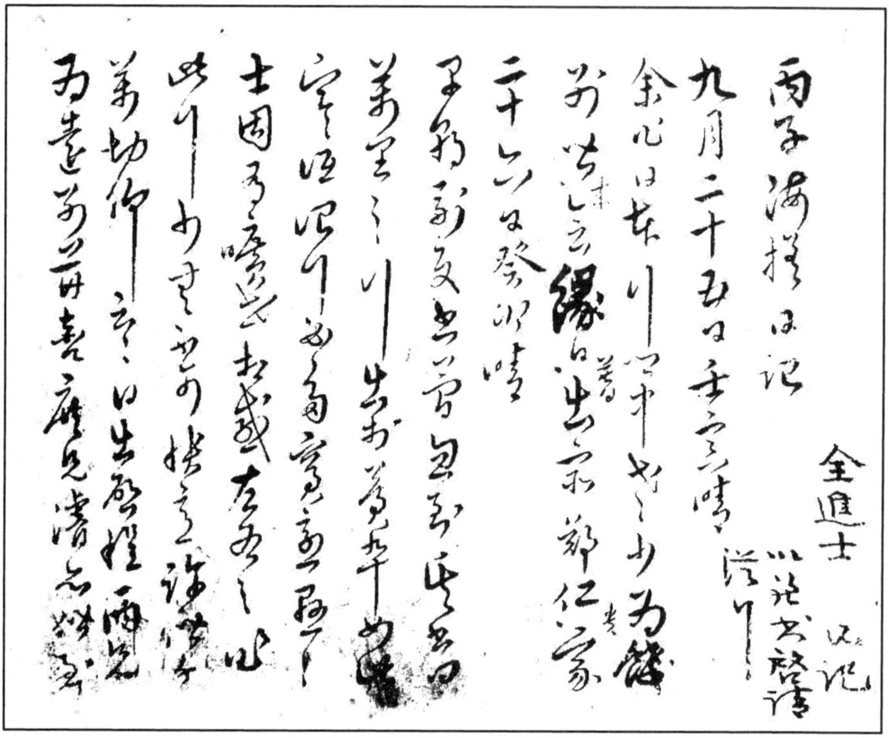

02

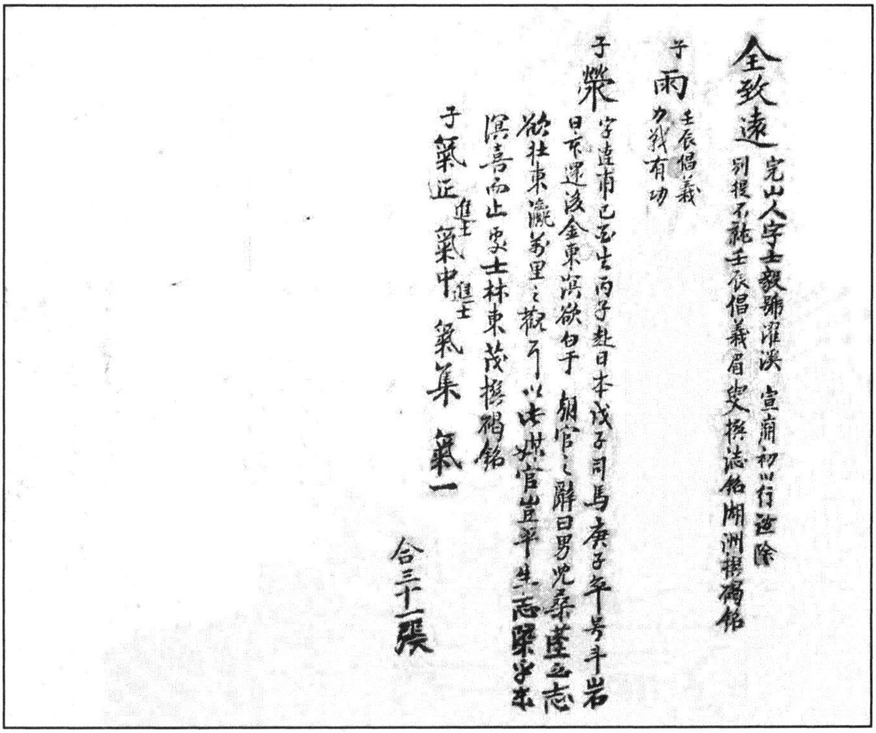

全致遠 完山人字士毅號濯溪 宣廟朝以行誼除
別提不就壬辰倡義眉叟撰誌銘湖洲撰碣銘

子 雨 壬辰倡義
力戰有功

子 榮 字達甫己亥生丙子赴日本戊子司馬庚子年號千岩
日本還後金東溟欲白于 朝官之辭曰男兒桑蓬之志
欲壯東瀛萬里之觀耳 以此媒官豈平生之志業也哉
溟喜而止 受士林東茂撰碣銘

子 氣正 進士 氣中 進士 氣集 氣一

合三十一張

01

斗巖文集卷之二

海槎日記序 金東溟世濂以書書啓請從行

余嘗渡耽羅海到中洋天水相拍四無涯際超然有博望牛斗之想東望日域最近雲霞點點乍隱乍現可攬而有思得一颿風踵徐福古道涉夷亶之洲登日光之山以快我心目而不可得至今僊僊若兩腋風也日全生中樞裒其先祖斗巖公海槎日記請余弁其首噫公以蓬蒿一布衣不憚鯨鼉之險能佐大臬而為逍遙遊其視九萬里而下方羊於蠛蠓之室者眞醯雞之不若矣况公抱絕

藝綾駕顏柳颯颯萬紙豈與扶桑爭曜又得東瀛鉅
匠為知己使海外殊俗知東國有人其事奇其蹟
偉公可謂不虛生此世矣噫嘗聞賣舶到中原以
千金購米元章書外圖之愛惜人材如此而東俗
隘甚雖使公出而遊公卿間不過為韓景洪輩類
行公過一下破即長揖而歸歛跡環堵被服儒素
益敦家庭緒業恥以一藝名此尤公之高也況又
却幣投銀廩乎有古人節若使公幸而生中國隨
使節窮河源必不以叩發冉聽奇珍異物導上侈
而開邊隙也迺公不幸而生偏邦所躡只涅齒境

02

府守者只子罕之實惜哉日記本二冊皆公手筆
而送其半其必有神物護持竟歸鄭氏而今始不
可得以見遂摩挲感歎而書之戊午季冬御曉歸
山人李源祚敬叙

丙寅九月二十五日壬寅晴
余作日本行鄉中老少爲餞辦皆來會飮日暮出宿
鄭仁貴家

二十六日癸卯晴
早朝副使書簡忽到其書曰萬里之行出於倉卒如
此寒沍冒行必多窘急懸懸士固有曠世相感左右

之作此行少無不可快意許僧千萬功仰云云日出
啓程而兄爲遠別并嚮是日至昌寧長鄉地宿
二十七日甲辰晴
凌晨發芿朝飯於靈山縣秣馬於水原驛夕抵密陽
運禮表從家夕會蒲盤珍毒上下同館是日逢舍弟
濂四兄弟同宿
二十八日乙巳晴
朝飯如昨從兄爲祖母居廬於金海地萬里之行不
可不辭墓奉別卜駕及兄弟直送大路期會於龍[illegible]
吏兄亂余由三浪至廬所辭墓奉別渡都要津於龍

[illegible]日巳昏矣卜馬先到既定舍館矣

二十九日丙午晴

平明過梁山內浦至光山驛日巳三丈察訪曹廷龍

以初面供朝飯設盃盤其待之如舊相識也欲起求

余草法不可以辭揮十餘帖以贈是日至東萊巢山

驛

三十日丁未晴

曉發朝飯於東萊府郵亭午到釜山見副使副使郎

東濵金公也釜山在浦口斗峰屹立城郭猶存皆倭

所築云

十月初一日戊申晴

留釜山向晩㒕兄見副使陳我行止憫迫之由適聖山士人裵弘禮在東濵前東濵顧謂裵公曰全生與我情義頓款萬里同行出於至誠况上使從事館閒才華㓛欲帶去實爲光國旣非私幸則全生固難辭也設使先叅知東萊公大維在世 啓下帶行則安敢退托云云東濵之起余至於此士爲知己者死矧此行役趁趨苟免非義也於是遂定並脖之意

初二日己酉晴留釜山

初三日庚戌晴留釜山

06

初四日辛亥晴留釜山
從事朝出港口點檢行李標署分載各船午後三使
出釜山城門欲乘槎潮退不可上宿村家
初五日壬子晴留釜山城外
初六日癸丑晴
五更壽倉弟兄相別津頭未留之懷滄海俱深到此
始知別離之苦也乘船舉破擊鼓發行倭使平成春
橘成供寺已出草梁項先待倭沙工十三人來現募
一二三船各載三名其餘分送四五六船到草梁日
已出矣掛雙帆出洋舟行甚駛沒雲臺在右太宗臺

在左四望無際大海相接眞壯觀也行百餘里轉作
東風此乃逆風之勢風勢益猛波濤如山擺蕩舂薄
上如出天下如入地望見前船出則露杖底蹤則只
見檣烏舟中人無不嘔吐僵仆余亦不平仆席倭沙
工令掛半帆未末始達馬島之西倭船迎使者數十
隻來到倭沙工令下帆倭船六隻牽引以前棹入沙
愁邪浦三船以次下碇四五六船繼至島主差倭伊
織問安仍獻餠酒壽物橘成供退至平成春等不能
及轉泊于他處卄里外云浦口人家纔數為宿船上
伊織又呈生魚猪豚脚酒一桶是日行四百五十里

前縣監李惟泂前判官金光立玉浦萬戶白士哲前
萬戶崔成岌司果李俊望軍官也忠翊衛尹愛信子
弟軍官也前正姜遇壁上通事也前僉正韓福國次通
事也前正白士立醫官也書吏朴得信伴倘尹應畠
丹士立玄鳳少童金勉三沈克龍金山小童白光華
門子也朴明得形名將也鄭忠一纛將也金守明元
義男節鉞奉持也李生張忠立炮手也李承立李奉
上房戒男金守介使令也黃雲鶴朴文己太平簫也
雲生仁吉刀尺也金儉孫韓禮守吳二世小通事也
權蘭同金彦鳳沙工也權明哲金加應同舞上也軍

官譯官奴子並十一名格軍五十九名乘副船子弟
軍官權瓚書寫司果趙廷瑞漢學叅奉尹廷羽畫員
司果金明國書記朴信立文郞別破陣金繼逸馬上
才白天龍理馬韓天祥典樂丁潤傑薛義立奇送子
弟五船卽副使卜船也堂上譯官同知洪喜男子彛
軍官前萬戶李浣司果任紈軍官引儀景大裕書讀
適廷命部將鄭漢驥吏文學官權倪次通事前正李
長生醫員前判官韓彥協書記文弘績伴倘崔義吉
小童晉州河大衛星山都繼仁奴子龍伊彥男卽上
使所率也軍官前判官朴洪疇引儀張文俊漢學敎

寺沈寫字官朴之英馬上才崔貴贇典樂洪鳳元林
許弄乘四船卽上使卜船也堂上譯官僉知姜渭濱
子昇軍官司果尹涯軍官前僉使金子文司果金繼
獻次通事尹大銑伴倘書吏崔承先金膺及小童慶
州 缺 奴子 缺 卽從事所率也典樂安泰孫金君尚乘
六船卽從事卜船也一行員役沙格摠計四百七十
三人船上建青龍大旗一纛一偃月刀一雙三枝槍
一雙清道旗一雙巡視旗一雙節鉞各一左右設紅
綃帳大小人員無不袨鮮艶服紈錦之餙照耀輿臺
誠可駭也從事舊乘上使船至是始乘各船藍欄畫

艇之制亦始于此云

初七日甲寅晴

留泊愁浦橘成供等送言曰今日風勢不順當送飛船出海口以觀若達鰐浦則幸莫大焉船人皆言不可發平成春夕始來到倭人之支候鰐浦者來呈下程物目極夥蓋吾上下支供也單子前面有信使三人等語副使以辭不遜還給卽改書信使三位以呈上使欲還牛三隻米則一石各只受一手斗還其餘從事欲并與油籜雞而還之副使以爲油籜則不必還曰異不得受倭人來言圖馬到鰐浦前奉馬上

才㫆騎馬亦病不喫草令馬醫韓天祥往治之是日
東風大作不得發宿船上泌越那卽壬辰八寇時留
泊兵船處云
初八日乙卯晴
平明發船促櫓沿岸巳時得達鱗浦因風逆不得進
入泊浦口人户纔數十橘成供苦請下陸上使不欲
下副使以水宿爲苦往復數三日暮上使以下若干
員設乘轎入往有精舍六間寶莊寺在其左丁巳吳
相國允謙所宿處云黃昏上副從事列坐招見伊織
橘成供藤智繩等皆跣足解劒入拜于楹外謝以越

海阻風良苦低頭致辭禮貌極恭上副從事荅以遠
護深謝耶退出俄而島主又送內野權兵衛將魚酒
來呈藤智繩還府中韓天祥來言馬上木馬精舍
草創不可宿遂取船上諸具以護寢宿之所寒氣遍
身甚於木宿始見椶櫚枇杷自沙郍至此三十里
初九日丙辰晴
朝飯後還船上尹大銑驪馬夜至上使從叔上見之
以為無禮捉致欲棶仍釋之從事遂杖三度下程諸
物自沙愁郍追至是日始受之一手斗者即倭人一
升之稱容我國三升是日宿船上四更天陰張[illegible]終

夜有聲
初十日丁巳陰
平明發船陰雲四合督櫓入泊西泊浦有民戶十餘
後山皆冬栢丹楓望之如畫初昏藤倭獻柑子一苞
去鰐浦三十里
十一日戊午晴
平明發船過金浦海波不動促櫓以行至下瀨浦兩
崖之間僅能容船倭沙工以爲靈神所住令船人不
得語祠在崖石上云是住吉神廟板屋數間村人之
觀光者滿其中未末入泊帝灘島主送人問安夜深

藤智繩等送入潛語康遇聖曰明日璘西堂台長老
將出迎船上諸具不可不整飾見諸裨將所佩刀皆
我國所出品且劣華深莊不出槍戟亦不好須勿去
鞘島銃若我國所造則不必出云自西泊至此一百
七十里
十二日己未晴
平明發船鼓櫓以行未及府中二十里從事抵書副
使曰島主未出當奈向副使答以不可進盖因發行
太早彼未及迎故也俄而島主義成至儀從甚盛璘
西堂台長老亦至儀從若島主船既近三使從衣旁

上相揖二船遂前導不及府中五里霪下既抵崖灈
蓋甚倭人之執傘控馬者蔽崖未末霆止上使以下
奉國書以次入觀者若堵男女駢闐島中地勢狹隘
四面皆山民居不下千餘戶行二三里始及舘舍即
豐崎守及島主妹夫家中設正堂爲使臣新造云別
成突刻枕席帳褥略倣我國之制皆是新造伺候供
億名稍執事之人接待之禮極其恭謹隣西堂先到
以待入謁即辭去倭通事三才人謁于庭下初昏設
振舞即倭俗設餉之稱也饌品甚旨一行員役分餉
于名廳癸房新造未乾宿于廳中凉冷不可堪自常[illegible]

至府中七十里

十三日庚申晴留馬島

朝島主兩僧送人問安逐日以爲禮閱是日島主及兩僧當來見而日暮不至問譯官則答曰平成春伊織等來言兩僧不能備禮兒終日有講定之事以致日晚明當詣謁云夜島主送人曰閭里有失火處今已撲滅喧呼之聲恐及館舍敢此問安

十四日辛酉晴留馬島

島主及兩僧來謁三使前到中門外下其竹兜以次入刀戟儀從并在外義成着其所謂公服兩僧着袈

遂從者各十餘人到階義成解劍亦足兩僧脫履上
堂行再揖禮分坐交揖義成謝曰三箇大人涉海遠
臨感激罔涯恐勞尊體極以為慮兩僧曰俺等乃大
君所送迎使人也如有下教之事敢不盡心三使答
曰承命脩聘敢云勞苦遠路同行幸亦大矣仍曰禮
曹書契在此當傳送島主謝曰朝廷至送書契感極
即辭去島主之禮已極恭謹兩僧之舟迎西堂之入
謂前日玄方之所不為也云島主極凡庸入庭因兩
僧未及中立不進四望欲笑昏騃之狀可掬台長老
黠而辭子不良揖讓手戰失儀轉西堂動止可觀有

徐首座者玄方弟子狡黠無比見之知其爲詐物方
見龍島主平成春伊織最其用事者而伊織則年少
而驕且妄曰自島主而僧各送人問安 洪喜男持書
契往城中島主具公服出受大廳幡貌極恭喜不自
勝仍曰我蒙 朝廷至恩今此使命之行若或有一
毫慢忽之心有如海水云
十五日壬戌晴留馬島
日晩島主呈下程物目甚多遍及一行下人台長老
光果餅於三使咸以五層盡函其書曰貯者一謁光
竊年慶藹重山斗仰瞻幸甚幸甚山人寔林間性情

方外手段素不學詩書㪅又踈禮節只恐交際屢多
帍發也伏希洪量心緖不盡顚甲愈增仍各各附記
以效芹粲留榮共以冬初霜寒旅況珍毖棠陰玄台
頓首云三使答曰敬承臨況獲接軟語不謂海外乃
得見大師眞儀頓令人心醉損惠手翰副以珍貺盃
感鄭重敢不謹領不宣西堂玉峯光璘亦送果餅具
狀又答書以送令譯官處還聖往見島主言刷還事
答以盡誠周旋往見兩僧俱設酌致款夜深方還
十六日癸亥晴留馬島
軍官出列島主及其母妻並觀光歎服是日始出禮

單島主兩僧及藤智繩構成供船頭倭十三名等以
次分給適有倭船之歸封狀啓
廿七日甲子晴留馬島
島主呈霜橘一大器是夕始寒大風達夜節序正我
國八九月草木猶未黃
廿八日乙丑晴留馬島
朝大風午後止夜深又作先是島主請宴者數日至
是始許赴三使既輿隨後以出伺候倭人擁遮前後
觀者塡咽街巷皆跪伏雖小兒不出一聲間有白長
衣蒙首掩面而觀者乃兩班婦人云雨雜處僧俗之

間其顔色如玉皆染齒服色斑制似僧衣貴者披髮
賤者束髮也島主所居有三重門重城複墻上設砲
樓彝宅壯麗不施丹雘左右所懸皆甲胄槍戟周以
金屛北壁掛宋徽宗白鷹圖一隻東壁設簾爲婦人
觀光所卧母妻在其中云中堂設享禮床卓器皿餅
品畫倣我國之制使臣下轎于內門島主與兩僧迎
于下堂以入正廳行兩揖禮行享禮禮貌極其恭恪
一行員役并分廳設享執事者數百人寂無一聲島
主兩僧之後侍者無數皆帶短刀跪伏僧則不帶刀
趨走於前者皆着長袴曳地尺餘見之可怪其意必

備倉卒之患使不得意者九酌而罷三使將出島主苦請平坐行重酌禮乃國中致敬之極禮酒即行獨至謂兩僧曰今此接席安用譯舌片札問答可乎僧曰唯唯即書大君克篤先烈朝廷送使臣雖出於馬州之請隣國交聘莫如誠信不意兩僧遠迎境上大君盛意到此益著又書被擄人一款詳在奉行書中亦在兩師終力又書大君聞使臣入來急還島主使之出待意甚盛也往還迎送毋墜舊例唯此之望并島主恐被閑自抱住潛使人來請故也兩僧并發出曰敢不盡力仍乞詩甚懇因書一絕以呈三使三使

卽次韻副使又口占八韻排律二首以贈兩僧從事
又贈兩僧兩僧遂次從事韵罷還島主夜送伊織致謝
十九日丙寅晴留馬島
台長老次送昨日副使八韻從事遂次贈副使亦復
步前韻以謝之島主願得聞樂工習樂力請上使欲
許副使以爲國服未闋終不許
二十日丁卯晴留馬島
日氣温暖如八月島主傳言曰明日風勢必好願整
頓行李早發午後呈別下程先時五日下程所納米
穀最優通計三行餘米合四十俵一俵容我國九斗

五六升以二十俵分給倭沙工十三人其餘並還之

是日上使患感冒

二十一日戊辰晴留馬島曉島主送言曰若得好風當發行候風者尙未至當待日出更報俄而又報曰今日已晚此後雖有風恐難發船卽招船人問之則今日東風不合發船海路極遠風力又弱不可發島主出乘船開洋還以今日爲吉故云耳

二十二日己巳晴日出發馬島乘船兩僧島主隨至西風方起諸船張帆而發船皆白布帆凡五十餘隻風勢不猛不弱舟行甚穩未末到一岐島風本浦倭

語百洑毛郡千羅水邊民居可五十餘戶有小刹平
戶島太守所管太守方在江戶亞官能坂大膳出待
方要下陸只令員役受振舞而還饌品極其豐備云
呈下程逐日以為例自馬島至此四百八十里島有
七郡十三里十四浦東西半日程南北一日程水田
旱田相半土宜五穀島主管與平戶太守不相能調
興之訟大君令欲平戶代之島主行薦金於太守太
守辭不受由是心德之云初島主送人曰今日風勢
必好而日出後方可定幸從容發行會上使已令三
吹副使未及飯旗纛將出門者罔知所為遂下鑰上

使軍官張文俊告于上使回門鎖不可出上使怒從事官以爲譯官不能盡心致有此變欲杖康遇聖上使不從從事慍及到一岐島從事對副使力言遇聖罪狀副使曰余則初聞此不過一妄倭蒼黃所致別無島主分付若杖康遇聖不幾於市之怒而色於室歟若其情狀則可駭恐央么麼島主心忍毒不言更做甚事會式夫伊織二倭至上使從事俱已就寢副使令譯官洪喜男引入責遣是日移船上島主苦請下陸不許

二十三日庚午晴

東風大作不得發留一岐島島主令橘成供謝罪仍
言送飛船捉來處置爲計從事諭以不必重治之意
上使船中有失物者搜一行行李格軍卜中有魚皮
六十丈止使杖而赤仍通一行令一時搜檢畫員金
明國籠中有犯禁物送從事治罪是日宿船上
二十四日辛未陰
食後下陸入舍龍興寺聖母祠在其旁始見蘇鐵葉
長可尺許色如側柏枯則揷鐵必蘇得名以此此物理
也亦可曉者雅俊冬栢盛開爛漫聖持數片白石入
告于副使曰此即島主所[illegible]之間多有落葉在

山頂極可怪視之則白脆如藍藻狀葉靴在裏副使
漫應曰此闊闊前落葉也旣出中醫官韓彥協以為據
餅饌餞蒲口嚼之則乃石芘也一有朝廷初寄馬島
歲遣縱査自來葉
二十五日壬申晴
島主兩價俱請撤倉後乘船舉帆出浦風勢甚穩舟
中無水病者歷小島申末到壹島有民居廿餘户即
筑前州所屬行高泊船之[redacted]州地方諸
山横亘海上人謂之博[redacted]家臺
在其岸即新羅忠臣朴堤上[redacted]此

云館舍盡爲新造凡鋪陳屛風極其華美奔走供給
莫不肅敬聞以支供來者凡五百餘人皆筑前州出
站者日夕下陸設振舞飮食盡塗金庀餠品極侈自
離馬島平成春等奔走進退有同下人極其恭謹繼
督繹親執鞴索唯恐不謹夜大風舟人喧聒
二十六日癸酉晴
大風不得發留藍島靈光敝藕者來言聞使臣至欲
還者居半欲留者居半云
二十七日甲戌晴
平明開洋未及半路風猛浪激舟中之人莫不顚仆

此卽倭人所云險灘昨日不發亦畏此灘云倭船意
來牽引鄰過山脚則前舟已歇然矣夕到赤間關乃
長門州所屬人家甚盛太守在江户不館於阿彌陁
寺設燎舞夜深呈酒果未及赤間關十餘里南岸有
城池卽越中守忠利所居人家甚盛彌滿十餘里
城有三層樓疊壕引海上駕虹橋號爲小倉卽豊前
地也豊前太守夜送人呈下程米至五十石他物稱
之只受酒果而謝還之寺傍有神祠名安德天皇神
堂問諸倭人則古有安德天皇者爲原賴朝所侵兵
敗至此勢窮力竭其祖母負而入海從臣七人宮女

數人投海而死國人哀之爲立祠以祭云自藍島至
赤間關三百卅里自此始爲日本陸地自馬島抵赤
間連有三大海波濤亦甚艱險自前號爲難渡
二十八日乙亥晴
平明上船潮退水急文字城與赤間關相對處甚狹
水勢迅激來若瀉瓶式夫等力言水急不可上請待
午後潮上發船行數里還止有老女數人乘船託以
觀光自言仁同人願去約以回程率去午後義成請
風順敬行諸船一時擧帆經文字城岸上有廟繞以
松林浦名硯木後峰斗起百餘仞上有壘壁戰爭處

東望陸地諸山横亘不絶重且白色西望薩摩州等
地諸山繚繞一面及至向島則薩摩等山盡而大海
始茫茫日本地圖西海道豐前州之文字城正與長
門之赤関相對豐前之地勢已斷迤南而西蓋南海
道相備之海南海道與周防州相對今見豐前無復
迤南而東者與長門相對盡日而行看看不盡知其
圖畫之誤也薩摩郞西海道之最遠處海中遠峯即
其山云到向島夜二更矣夜既深天黒如漆西風轉
爲北風向島尚遠倭船及上使船已先到舟人憂之
高聲促櫓放火以前與從事船相應倭船出迎者無

藪向島亦長門州地方非出站處故宿船上長門州
太守送人問安台長老獻餅二箱自赤關至向島二
百廿里
二十九日丙子晴
雞鳴發行日出風弱波伏舟行甚穩倭船前引者無
數左右設彩幕擊楫者左右各數十人自藍島以前
引行者小船自藍島以後始用大船與三船並行或
先或後到上關日尚高矣水邊迎候者如雲苦請下
陸正使以下以次入云是長門州太守自江戶往來
時茶屋設振舞諸饌皆布金銀畫則用沙器如我國

沙貼之制而品劣皆塗金尊畢進花盤卽揷花樹間
有結子大如鷄卵卽剡木爲之葉則剪絲以造盤餉
以前用刻木至此島始剪絲巧妙兩僧來見島主呈
香屑盛小合如鷄卵大云是沉香等屑和合爲之頗
用諸舍館自向島至上關一百七十里

十一月初一日丁丑晴

曉起及上船天欲曙參奇未半風止潮退遂入油浦
口及日落風起島主請發諸船張帆從櫓夜二更到
津如窟船泊西堂獻橙橘一籠餘黑雲從水起西風
大作船人落檣布篷東嘷聯島主送人曰風浪如此

决不可止宿舡上當灑掃浦上人家以達餞項風勢
暫止不復下陸終夜搖盪令人不堪自上関至津
和一百卄里
初二日戊寅晴
平明發船行數里横風大作海中石島與海岸山
脚相對白波如雪望之不可近舟人無不懼然脫氣
我國沙工不知所爲一從倭沙工所指揮得經過
渡海時一危境也午尒到一浦即鎌刈安藝州
地方苦請下陸設振舞水邊新刱板屋五六寸
間即爲一行員役振舞設也盡布金屛使臣所

館處太守茶屋後有浴室設褌椸及進享器皿
飲食無非金色盈丈之設皆用塗金木盤此則
上關以前所未見及夜懸燈于內外屋柱壁之
若列星晃耀如畫達曙不滅水邊又有戰船十餘
隻上設戰具各有領將觀其船制輕快精妙左
右各設二十五櫓若比我國戰船則不及遠矣
今之論倭寇者徒知陸戰之為憂不念逆擊於洋
中若下陸則難制矣左水使每以三月初一日八防
釜山謂風和八月初一日謂之風高則輒罷防釜山
及七浦萬戶所率水營戰船通計十八隻統營添防

船又四隻或二隻雖使周瑜爲將李舜臣再起七八
戰船安能當百萬蔽海之賊乎統營之去釜山三日
程賊若乘順風張帆出來是爲我國之逆風萬無相
敵之理永嘉臺藏船雖出一時之畫策而蠻館至近
賊若先送人縱必可一炬盡也港口之游塞不必論
若欲藏船疏鑿不難勘蠻夷新設水營尤不滿意與
蠻館相對所見齟齬無復在山之勢庚子年征倭時
唐船泊勘蠻夷遭風致敗者不可數今謂之甚合藏
船抑未知何故也七浦萬戶前則疊入釜山今則令
四浦移入水營釜山日就無形戰船格軍必用八十

名射夫槍手砲手當不下七八十名方可禦敵而今
闕一船所率射夫十七名砲手二名國家之設水使
僉萬戶置水軍戰船將以爲緩急也形勢之難便軍
卒之零落戰具之不備若是其甚使國家無南顧憂
則已若或有警將何所稅駕議者謂統營船隻當盡
數入防於釜山此計則愚矣七浦之設鎭本意大將
居全慶兩道之間兼統下三道水軍賊若犯全羅忠
淸統使督慶尙以左水軍進戰賊若犯慶尙右道則
督全羅以右水軍進戰今若盡移之釜山賊或從他
道出則如之何可救但聞加德多大浦去釜山一日

程去統營二日程賊欲出東萊則必由沒雲臺草梁
項若欲出晉州順天興陽等地必由加德前洋爲賊
船必經之地令統營中軍率戰船入防于加德若釜
山有急可一日進若犯晉州以右賊則可擊之中洋
統使全羅左水使當合戰兵水使相與爲犄角水使
則戰于海兵使則戰于岸使不得下陸庶乎其可矣
夕島主來謁三使禮貌益恭潛招伊織附耳語曰外
間或有此處屬耳者歎伊織與式夫出觀還曰風甚
寒此門可閉即閉前面兩門島主回向日使兩僧來
謁今獨來者顧得從容拜謁仍出小紙于懷中以示

曰大君令一路極力支供飛船絡繹採報江戶使者
昨日又出來初還此節傳告于執政者備言使行爾
整沿路支供盡心等事矣仍曰向僧同行多有嫌避
此所以不得頻請也或有願達事到泊處令洪同知
或處判事託以相訪來見則欲潛稟也各站支供極
其致誠小人之陪信使入去今已三番未有如今之
盛者請力以下陸爲勞隨處受享千萬幸甚三使言
刷還事又言到處被擄人雖來現輒被馬島人麾去
極不當島主曰此事敢不盡力但日本之人多疑信
讒所以麾去者恐被此地人覷却別有意外事端而

已然此後則亦不令麾去但見被擄人約以時還來
謂不須以率去相約此皆兵所丐乞之人也若自矜
說傳播道路則中間做言恐或難處又曰兩僧得使
臣長篇極以爲幸草書多有未曉字幸寫楷書一本
以贈仍請曰小人若得一首詩誇耀江戶諸將光華
百倍幸乞留念副使從事並謝以小技不足貴重違
盛意當奉教伊織請于洪康曰島主上下及此處大
小人聞貴國鼓吹莫不聳聽幸爲我一作令從其言
大吹因譯官聞之則此處所費凡三千兩日本之人
言信使者每年來則日本自當盪敗前後信使過去

則一二年內必大困云呈別下程以活生雉一百首
盛竹籠各船來納他物稱是梨大如小檤栗大如鷄
卵酒味甚好日本好酒皆出此州云
初三日己卯晴
曉發風順帆正舟行甚穩終日行兩山間山已盡將
出海口石壁抑入波心前有斗巖可數百尺立寺其
上望之如張傘可容五六人緣崖作虹橋以通名曰
鳴鼓寺居僧見過船必鳴鐘舟人投之以柴木米錢
以爲寺僧之資活云行數十里始達韜浦閭閻極盛
自鎌刈到韜浦望見東南衆山接天雖有大海亦不

甚遠云是四州地方曾聞倭國如人字形及見地圖
恠其直長以一路所見論之西海道纔斷文得伊豫
等州四州與長門周防等陸地相對若人之有左右
股人字之說必指此等地方覺地圖之誤韜浦即安
藝州地方館于觀音寺寺在閭閻中最高頂登臨之
美海外初見太守名周方守即關白之族年七十餘
親來支供兼欲觀光云三使送康遇聖問之則拜伏
於地叩首稱謝自鎌刈至韜浦二百里
初四日庚辰晴
平明到船所潮退大船不得進當用小船而倭人不

及整齊上使極怒將杖康遇聖肆之過下津閭閻稍
戚有山城基址云是海口要衝秀吉令設險把守及
家康爲關白凡州郡設鎭有數三處存其一而盡撤
之此卽一也四州地方到此盖近讚岐州樓堞突兀
於莽蒼之間舟行兩山間亦不甚快及到牛窓夜已
艾矣上使病作副使與從事亦不下此乃備前州地
方太守新大郎之所管太守郞關白近族也關白以
北陸海西四州長門備前等地絶遠慮有變盡令族
屬布列以鎭兼察諸島動靜以此權重至是親自出
來凡所以支供務勝他處先送人探問於一岐藍島

鎌刈等處云矣牽是一行不肯下馬島人罔知所爲
伊織式夫則來乞再三旣不得請義成左右無不失
色乞命伊式兩倭直入從事船中叩頭告悶其情亦
悶矣義成之所大懼者太守極力營辦親自來待落
莫非所論閱白探候飛船逐日馳報若曰到牛窓不
下馬州人無乃陪行之不謹以致使臣故不下耶其
請下之說雖不足信而旣下之後觀其奔走相慶若
得生道本州支供之人莫不拜賀則亦知其事勢或
如此也從事以爲不可不下副使與從事遂下陸館
于本連寺自船所至寺左右人家幾數百戶男女夾

觀左右畫設帳道路皆布席五步懸一燈寺甚巨麗
及進饌美男子數十輩皆盛服帶劍奔走肅敬進退
行步不敢出聲膝行曲躬飮食器皿皆是金色滿堂
亦皆金屛燭影之下粲然一金世界凡事比謙川益
侈非復韜浦比也上使宿船上患癨亂自韜浦至牛
牕二百里
初五日辛巳晴
日出乘船行數十里四州山已盡南望大海接天矣
申初到室津云是播摩州地方太守則甲斐守其名
美新自江戶出來托以病不能出候送人謝罪日夕

上使以下俱下陸享禮之厰不下鎌刈自牛窓至室
津一百里
初六日壬午潮陰留室津
館主送言曰此去兵庫道里不遠南海大洋在於其
間與大坂江水之流相合故必得風潮俱順方可發
舡今日風勢過猛不可發
初七日癸未晴
日出發船張帆開洋行十餘里望見民居彌滿城堞
突兀半空云是播摩州太守所治日暮至兵庫下陸
設振舞

初八日甲申晴

平明登船棹出大海四望無際是乃大坂出入之要路也商船從來者蔽海不知其幾萬隻也申末到河口是日行一百里

初九日乙酉晴

平明發船以棹役抵大坂城未及大坂二十里餘潮落閣船不得進樓船出待者十餘隻倭使小船五百餘隻三使以下各乘樓船卜船若干艘載小船以次入樓船高大飾金以漆粧以金畫以彩[illegible]制度殊極侈麗從來亦一奇觀也行七八[illegible]

人家瀰滿三十餘里粉墻照耀渺底男女奔走觀光
者其麗不億左右商船戰船樓船鱗次獨比亦不知
其幾千隻也過七大橋至大坂城城有大層砲樓岸
上控馬整待者無數上使以下遂下陸以次入左右
市廛觀者如堵奇恠之物積在如山到館舍缺本下[illegible][illegible]失

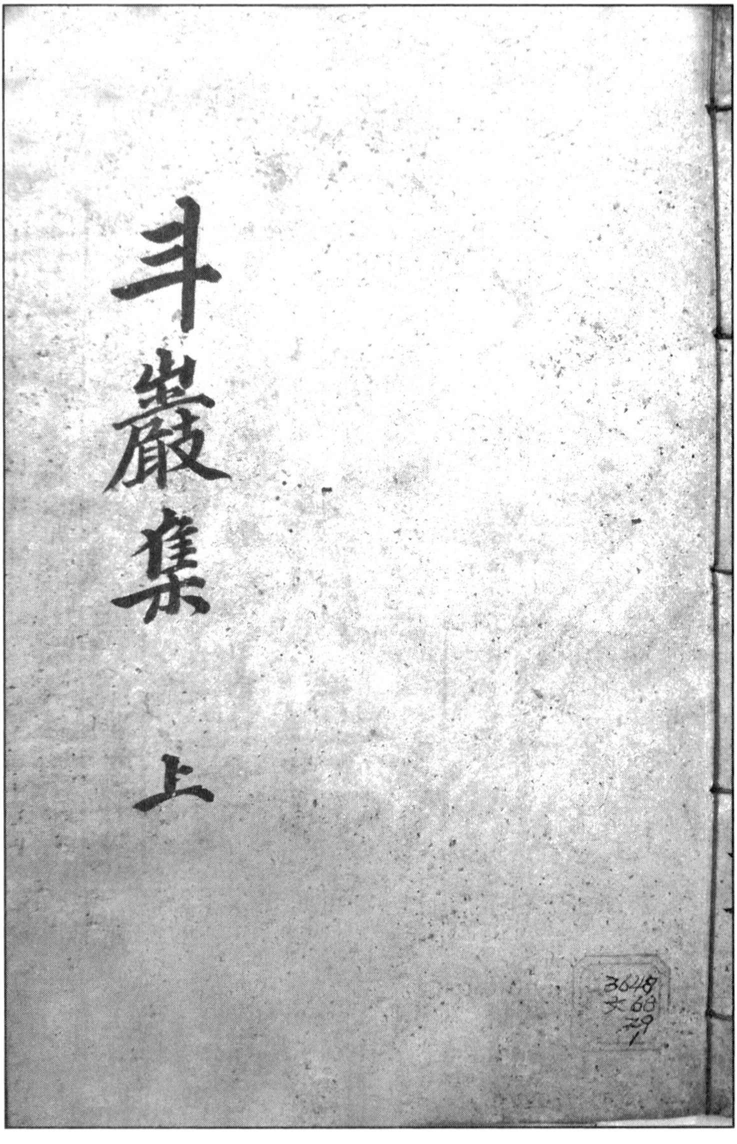
手巖集 上

【영인자료】

海槎日記

해사일기

여기서부터 영인본을 인쇄한 부분입니다. 이 부분부터 보시기 바랍니다.

구지현

연세대학교 국어국문학과 및 동 대학원 졸업
선문대학교 국어국문학과 교수

통신사 사행록 번역총서 7

해사일기

2021년 11월 9일 초판 1쇄 펴냄

지은이 전형
역주자 구지현
기 획 허경진
펴낸이 김흥국
펴낸곳 보고사

책임편집 이소희
표지디자인 손정자

등록 1990년 12월 13일 제6-0429호
주소 경기도 파주시 회동길 337-15 보고사 2층
전화 031-955-9797(대표), 02-922-5120~1(편집), 02-922-2246(영업)
팩스 02-922-6990
메일 kanapub3@naver.com / bogosabooks@naver.com
http://www.bogosabooks.co.kr

ISBN 979-11-6587-268-7 94910
979-11-5516-715-1 세트

정가 16,000원